スキルアカデミーシリーズ

ビジネススキル ①

# 基礎スキル編

Basic Skills

佐久間 陽一郎 [著]

中央経済社

# はじめに

## 本講座の概要

本講座では，ビジネスで頻繁に使う16の重要スキルすべてを一気に学習する。図表1に示すとおり，本講座は，基礎スキル編，目的スキル編，複合スキル編と3つの大きなブロックに分かれており，目的スキル編が2分冊の，計4分冊となっている。

**図表1　16の重要スキルとスキルの全体像**

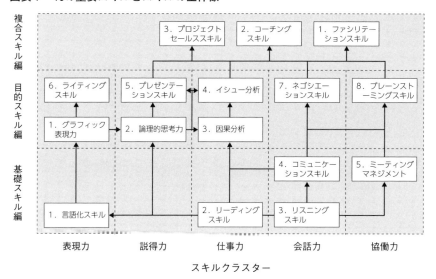

基礎スキル編に属するスキルは，ビジネスのあらゆる場面で汎用的に使われる基本的なスキル群だ。基礎スキル編といっても，必ずしも習得が容易なスキルではない。目的スキル編に属するスキルは，ある特定の目的に使われるスキルだ。目的が明確なだけに，理屈を知れば，習得は意外に早いかもしれない。

複合スキル編に属するスキルは，基礎スキル編や目的スキル編に属する複数の
スキルの組み合わせの上に成り立つスキルで，上級のスキル群といえる。

　16のスキルの定義は，図表2のとおりだ。基礎スキル編から順に読んでいた
だくのが一番だが，必要なところから読んでもらってもかまわない。ただ，そ
れ以前に書かれたスキルを引用しているので，若干の読みづらさはご容赦いた
だきたい。

**図表2　16の重要スキルの定義**

| クラスター | 編 | スキル | 定義 |
|---|---|---|---|
| 表現力 | 基礎 | 1．言語化スキル | 曖昧な知識を過不足なく，皆が同じイメージを持てるよう表現する |
| | 目的 | 1．グラフィック表現力 | 説得力を増すため，大量のデータや複雑・曖昧な概念を図にする |
| | 目的 | 6．ライティングスキル | 過不足なく，わかりやすく著す |
| 説得力 | 目的 | 2．論理的思考力 | ある一定の結論に至る論を，飛躍なく説得力をもって進める |
| | 目的 | 5．プレゼンテーションスキル | 自分の考えを過不足なく相手に伝える |
| 仕事力 | 基礎 | 2．リーディングスキル | 読む対象を選択し，適切な速さで読み，必要な知識を獲得する |
| | 目的 | 3．因果分析 | 因果関係を論理の飛躍なく示し，原因・解決策を明らかにする |
| | 目的 | 4．イシュー分析 | 錯綜する課題の真の問題点，重要度，相互の関係を明らかにする |
| 会話力 | 基礎 | 3．リスニングスキル | 相手の話を聴き，必要な情報を獲得する |
| | 基礎 | 4．コミュニケーションスキル | 会話により，相手との相互理解を深める |
| | 目的 | 7．ネゴシエーションスキル | いやがる相手を自分の有利な結論に導く |
| 協働力 | 基礎 | 5．ミーティングマネジメント | ミーティングを効果的，効率的に運営する |
| | 目的 | 8．ブレーンストーミングスキル | 集団でアイデアを出し合い，新しい発想を誘発し合う |
| （複合） | 複合 | 1．ファシリテーションスキル | 異種の知識を結合し，新しい知識を創造する |
| | 複合 | 2．コーチングスキル | 巧みな質問とアドバイスで，他者の能力や可能性を引き出す |
| | 複合 | 3．プロジェクトセールススキル | 知的サービスプロジェクトを巧みに売り込む |

## スキルを学ぶということ

　スキルは，その最も大切なエッセンス部分は言語化できず，その部分を習得するには実践が欠かせない。それでも実践の前に，そのスキルの理屈を知っておくと，習得のスピードは格段に上がる。だから，本書ではまず，それぞれのスキルの理屈を学習する。

　例えば，講演会などで「プレゼンテーションは苦手ですか？」と問うと，多くの人が手を挙げる。しかし，これは間違った認識だ。私に言わせれば，プレゼンテーションスキルほど習得が容易なスキルはない。あなたはスティーブ・ジョブズである必要はない。あなたは，あなたの専門分野で存分のプレゼンテーションをすればよい。プレゼンテーションスキルの本質を理屈として知っておけば，すぐにでも立派なプレゼンターになれること，間違いない。

　理屈も大事だが，演習も必須だ。本書では多くの演習が用意されており，読者であるあなたに考えていただく機会を設けている。演習には「問題」と「課題」がある。「問題」は一般論としての質問で，「青色のバラはあるか？」といえば「問題」だ。「課題」はあなたに対する問いかけで，「あなたは何色のバラが好きか？」といえば「課題」だ。

　1つのスキルは，1日の通勤電車の行き帰りで読める程度の分量に絞っている。1週間に1つのスキルをマスターするとして，4ヶ月で16のビジネススキルをすべて，あなたの武器にできるのだ。普通，1つのスキルをマスターするのに200〜300ページの本を読破せねばならない。本シリーズの最大の特徴は，分量を極力削りつつ，それでも十分にスキルを学べるようにしたことだ。

　本書の各部の本文は5章程度で構成されている。本文のあとに「補章」がある場合がある。本文はなるべく短くしたい。それでも，読者であるあなたには，その部に関連する周辺知識や教養も身につけていただきたい。そこで設けたのが「補章」だ。必読ではないので，本文からははずしてある。しかし，余裕があるときに思い出したら目を通していただきたい。必ず何かのお役に立つはずだ。若干，ややこしい議論の場合もある。そのややこしさがいいのだと思っていただければ幸いだ。

# 本書の使い方

## さあ，新規登録しよう

　本書は，株式会社スキルアカデミーのサービスの1つ「キャリアビルダー」に有料で公開されている『ビジネススキル』の内容と基本的に同じものだ。ネット上では本文がコピープロテクトされており，印刷できないようになっている。読者からの「手元に本として置いておきたい」という強い要望に応えるため，物理的な本の出版を中央経済社にお願いし，本書ができたのである。

　本書を有効に使っていただくためには，本書とスマートフォンやPCなどの電子機器とをインタラクティブに使っていただく必要がある。PCでは，まず「キャリアビルダー」に行き，新規登録をしていただきたい。図表3の矢印から「新規登録」する。

**図表3　キャリアビルダーから新規登録**

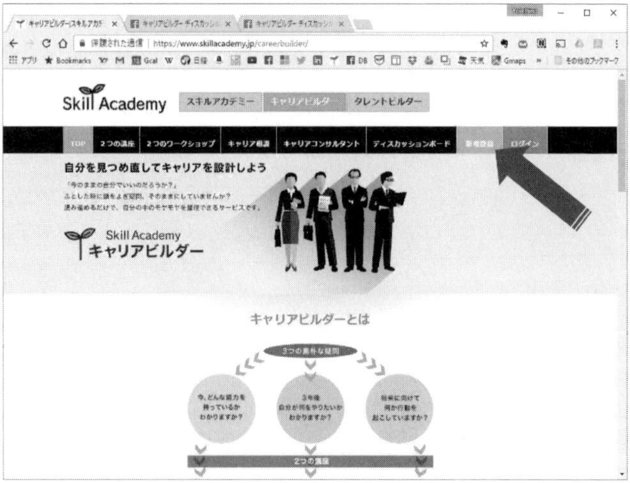

本書の使い方　v

新規登録

　「新規登録」ボタンを押し，「メールアドレス」にあなたのメールアドレスを入力する。「アクセスコード」には，本書の綴じ込みの中にある16桁のアクセスコードを半角で入力する。「送信」ボタンを押したら，あとは指示に従ってほしい。あなた専用のホームページ「Myページ」ができる。そこの「My本棚」で，本書に該当するすべての部が無料で読めるようになる。

　新規登録をすると，「Myページ」にある「Myキャリア」も無料で使えるようになる。「Myキャリア」を利用すれば，あなたのスキルの全体像がつまびらかになる。それだけではない。どのようにあなたのスキルを伸ばしていくか，ガイドしてくれる。ぜひ，ご利用いただきたい。

Myキャリア

## スマートフォンとの連携

　次はスマートフォンとの連携だ。通勤電車の中などで，本書と連動して使う。まず，あなたのスマートフォンに，アプリストアからどんなものでもよいのでQRコードリーダーを入手していただきたい。最新の機種ならアプリは不要で，ただ写真を撮るだけでQRコードと認識してくれる。

　次に，下のQRコードをQRコードリーダーで読み込もう。あなたのスマートフォンはスキルアカデミーのホームページにジャンプする。これでスマホの準備はOKだ。

株式会社スキルアカデミーのホームページ

　いつでも必要なときにすぐ「キャリアビルダー」へアクセスできるように，スマートフォンのホーム画面へホームボタンを追加しよう（図表4）。以下，その方法を。

**図表4　ホーム画面へ登録しよう**

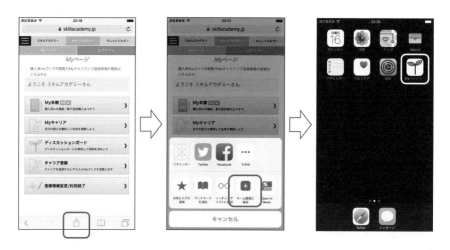

　あなたのスマートフォンで，以下にあるQRコード「Myページ」を読み込めば，「Myページ」がブラウザで開かれた状態で表示される。その場面のまま，iPhone™/iPad™であれば画面下のツールバーから，矢印アイコンをタップしよう。アクションメニューが表示されるので，その中から「ホーム画面に追加」を選択すれば，あなたのホーム画面にスキルアカデミーのロゴマークのホームボタンが追加される。

Myページ

あとは，いつでもこのボタンをワンタップするだけで，「Myページ」を開くことができる。

### ディスカッションボードは共学の場

スキルアカデミーやキャリアビルダーのグローバルメニューの「新規登録」ボタンの左に，「ディスカッションボード」ボタンがある。これをクリックすると，電子掲示板「ディスカッションボード」が開く（図表5）。

**図表5　ディスカッションボードを有効活用しよう**

ディスカッションボードは，弊社のサービス全般に関する質問や，講座の著者への質問・意見を書き込んだり，他の会員とともに学び，キャリアコンサルタントとの交流を深める場として設けたものだ。大いに活用していただきたい。

　ディスカッションボード上ではハンドルネームを設定できるので，匿名性は確保される。実名では書きづらいようなことも，気軽に書けるはずだ。サイト管理者や講座の著者は，あなたの質問になるべく速やかにお答えするつもりだ。

　スマートフォンからは，先程「Myページ」をホーム画面へ登録したのと同じ手順で，「ディスカッションボード」のボタンをホーム画面へ追加しておくことをおすすめする。図表4と同じ要領だ。

ディスカッションボード

　なお，不適切な書き込み（誹謗中傷，差別用語，商業行為，アダルトなど）は，サイト管理者の判断で削除させていただく場合がある。あらかじめご了承いただきたい。

　本書の完成は，株式会社スキルアカデミーの共同創業者である濱弘光，真野芳和両氏の存在なくしてありえない。両氏の長年にわたる絶えざるサポートに心から感謝する。また出版に際し，中央経済社の杉原茂樹編集長から頂戴したご理解とご協力にもあわせて感謝する。

# も　く　じ

**はじめに**

本シリーズの概要／i　　スキルを学ぶということ／iii

**本書の使い方**

さあ，新規登録しよう／iv　スマートフォンとの連携／v　ディスカッションボードは共学の場／vii

# 序　あなたのスキルのプロファイルをつくる

## 第1章　「スキル」とは？

16のスキルを網羅的に学習する／2　「Myページ」の中の「Myキャリア」を使おう！／4

## 第2章　スキルの定義

知識とスキル／5　「狭義のスキル」と「広義のスキル」／6　知識とスキルの違いを明確にしておこう／6

## 第3章　16の重要なスキルとスキルの全体像

スキルの全体図／8　16のスキルの定義／9　私はどのスキルが弱いか？／11　なぜ「ディベート」がないのか？／12　ファシリテーションのほうが格段に有効／12

## 第4章　スキルのプロファイリング

5段階でスキルを評価する／14　あなたのスキルのプロファイリング／15

## 第5章　本講座はスキルの「定着」を重視する

スキルの「定着」とは？／17　理解度チェックテスト／18　おわりに／19

## 補　章　研修やセミナーはリーダーシップ形成に役だっているか？

721の法則とは？／21　理屈を学ぶということ／22　リーダーシップ開発のドライバーは何か？／22

# 第1部　言語化スキル（前半）
　——言語化スキルは経営の根幹である

## 第1章　「言語化スキル」とは？

言語化スキルの定義／26　この部の到達目標を3つ設定する／28

## 第2章　われわれは曖昧の国の住人である

日本文化というコンテクストの上で成立する俳句／29　外国人には俳句の意味がわからない／29　日本語は相手の反応を見ながら意見を変えられる／30　3.11での東電と自衛隊のやりとりをどう解釈するか？／31　「事実」より「関係」を重視する日本／32　「敬語」の弊害は限りなく大きい／33　「事実」を重視した会話をめざせ！／34

## 第3章　コンテクスト重視の会話からコンテンツ重視の会話へ

われわれは言葉に支配されている？／35　「蛾」という言葉がないと「蛾」と「蝶」は区別できない／36　コンテンツとコンテクスト／37　コンテンツを重視したコミュニケーションを心がける／38

## 第4章　日本人は知の創造プロセスのどこが弱いのか？

われわれは語ることができるより多くのことを知っているか？／40　野中郁次郎の「知の創造プロセス」／41　「分節化」という言葉と“articulate”（アーティキュレート）という言葉／42　曖昧化が加速する日本語の流れに逆らえ！／43

## 第5章　ここを強くすれば日本も強くなる！

馬馬虎虎（マーマーフーフー）ではいられない／44　日本が劣るのは知の創造プロセスのどこか？／45　常に「言語化」を心がけるために「頭にロウソクを灯す」／46　理解度チェックテスト／47　おわりに／48

# 第1部　言語化スキル（後半）
　——言語化スキルを使う・伸ばす

## 第1章　言語化の演習

問題1：北島康介の発言／50　問題2：「戦略」の定義／50　問題3：「禅」とは？／52　問題4：ノモンハンでの選択／52　問題5：テロの時代の覚悟／53

## 第2章　経営における言語化は死活問題である

言語化しないことは今でも死に直結する／54　ITは役に立たないか？／55　「あ

うんの呼吸」を乗り越えるために／56　スキルアカデミーのスキル教育の特徴／57

## 第3章　仕事で意識して言語化スキルを使う

あなたにプレゼンテーションの機会が与えられた／58　言語化プロセスを確立せよ／59　ビジネススキルを総合的に使う必要がある／63

## 第4章　あなたの言語化スキルを伸ばす

目標は達成されたか？／64　あなたの言語化スキルのレベルは？／65　言語化スキルを伸ばす「施策」は？／66　たくさんの施策候補からどれを選ぶか？／67　あなたがまず取り組む施策を決めよう！／69　理解度チェックテスト／70　おわりに／71

# 第2部　リーディングスキル
## ──1冊10分で読む方法を身につける

## 第1章　「リーディングスキル」とは？

リーディングスキルの位置づけ／74　リーディングスキルの定義／75　この部の到達目標を3つ設定する／77

## 第2章　プロフェッショナルなら速く読まねばならない

ビジネスエグゼクティブは速く読まねばならない／78　プロフェッショナルに必要なリーディングスキル／78

## 第3章　ビジネスリーディングは磨くことができる

あなたの読むべき本はどの程度あり，どの程度読んでいるか？／80　宿題の結果は？／82　われわれはビジネスリーディングのスキルを磨きたい／83　スピードリーディングにマジックはない／83　知れば知るほど読むスピードは上がる／84

## 第4章　10分で1冊の本を読む

本を汚くして読む／85　基本の基本：本の選択を誤るな！／86　読み方を3つに分けよう！／87　10分で読んでみよう！／88　「10分読み」の評価／90　無理なことを言っているわけではない／92

## 第5章　あなたのリーディングスキルを伸ばす

目標は達成されたか？／93　あなたのリーディングスキルのレベルは？／93　リーディングスキルを伸ばす「施策」は？／95　理解度チェックテスト／97

おわりに／98

## 補　章1　ナイトリーディングとデイリーディング

梅棹忠夫の「読書」／100　ショウペンハウエルの「読書」／101　ナイトサイエンスとデイサイエンス／101　ナイトリーディングとデイリーディング／102　われわれはデイリーディングとしてのビジネスリーディングを指向している／103

## 補　章2　「見る」と「観る」

本田宗一郎の言葉／104　プロなら「観る」スキルを備えている／105

# 第3部　リスニングスキル
#### ——「死んだ知識」を読む，「生きた知識」を聞く

## 第1章　「リスニングスキル」とは？

リスニングスキルの定義とスキルの全体像での位置づけ／108　知的労働の付加価値創造プロセスとリスニングスキル／109　リスニングスキルの重要性／110　この部のゴールを3つ設定する／111

## 第2章　「聞く」ということ

「聞く」と「聴く」と「訊く」／112　「聞く」プロセス／113　リスニングとコミュニケーションの関係／114

## 第3章　どのような姿勢で聞くのがいいか？

興味がないなら「聞く」ことはできない！／116　リスニングにおける信頼／117　メモは必要，録音はダメだ／117　聞くことができない人もいる／118

## 第4章　「訊く」力

「訊く」とは質問力のこと／119　「訊く」プロセス／120　インタビュースキルに必要な瞬間的認知力／121

## 第5章　あなたのリスニングスキルを伸ばす

目標は達成されたか？／122　あなたのリスニングスキルのレベルは？／123　リスニングスキルを伸ばす「施策」は？／124　あなたが最初に取り組む施策を決めよう！／125　理解度チェックテスト／126　おわりに／127

# 第4部　コミュニケーションスキル
――相手のコミュニケーションスタイルに合わせる

## 第1章　「コミュニケーションスキル」とは？
コミュニケーションスキルの定義とスキルの全体像での位置づけ／132　この部のゴールを4つ設定する／133

## 第2章　コミュニケーションスキルと他のスキルの関係
リスニングスキルがコミュニケーションスキルの基礎／134　齋藤孝『コミュニケーション力』の定義から考える／135　齋藤孝はなお難しい要求をしている／137　スキルの全体像でのコミュニケーションスキルの位置づけ／138

## 第3章　コミュニケーションにおけるメラビアンの法則
あなたならどうする？／140　メラビアンの法則とは？／140　メラビアンの俗説に気をつけよ！／141

## 第4章　ますます重要になるデジタル・コミュニケーション
メラビアンの法則の間違った解釈／142　メラビアンの法則の正しい拡大解釈／142　「ワークスタイルの変革」が問うているもの／144　グループウエアを用いたブレーンストーミング／144

## 第5章　CSIでコミュニケーションスキルを向上させる
CSIとは？／146　CSIに良し悪しはない／147　CSIテストをやってみよう／148　CSIテストの結果を吟味する／149　相手のCSIに合わせたコミュニケーションを心がける／149　CSIを使ってコミュニケーションを試みる／150

## 第6章　あなたのコミュニケーションスキルを伸ばす
目標は達成されたか？／152　あなたのコミュニケーションスキルのレベルは？／153　コミュニケーションスキルを伸ばす「施策」は？／154　あなたが最初に取り組む施策を決めよう！／156　理解度チェックテスト／157　おわりに／158

## 補　章1　コミュニケーションは「会話」か？「対話」か？

## 補　章2　コミュニケーション・インフラストラクチャを整備せよ！
コミュニケーション・インフラストラクチャとは？／162　コミュニケーション・インフラストラクチャと「誠実性」／163　グーグルで証明されたコミュニケーション・インフラの重要性／164

# 第5部　ミーティングマネジメント
## ──ホワイトカラーの労働生産性を格段に上げる

## 第1章　「ミーティングマネジメント」とは？
ミーティングマネジメントの定義とスキルの全体像での位置づけ／166　フェースツーフェースミーティングとメラビアンの法則／167　デジタルミーティングとメラビアンの法則／168　この部のゴールを2つ設定する／169

## 第2章　日本のホワイトカラーの非生産性とミーティング
日本の労働生産性はなぜ低いのか？／170　無駄な仕事をなくせば生産性は格段に改善される／171　プロセス評価のもとでは無駄な仕事から逃げられない／172　アメリカの衝撃的なミーティング体験／173　米社の日本の子会社での高効率な電話ミーティング／174

## 第3章　ミーティング改善の効果は絶大だ
ホワイトカラーの生産性改善をミーティングの改善から始める！／175　ミーティング改善のビジョンは？／176　ミーティングの類型とミーティングマネジメントの対象／176　1回のミーティングをいかに運営するかを考える／177

## 第4章　ミーティングマネジメントの方法論のすべて
効果的なミーティングのガイドライン／178　1．目的を明確にする／179　2．参加者を厳選する／179　3．アジェンダ（議事次第）をつくる／179　4．配布資料は前日までに配布する／180　5．意思決定の方法を決めておく／180　6．言語化スキルを発揮する／182　7．ミーティングの時間管理を行う／182　8．ミーティング結果の要約を行い，全員で確認する／183　9．ミーティングの評価を行う／183　株式会社スキルアカデミーのミーティングマネジメント／184　ミーティングの評価を事前に行う／185

## 第5章　あなたのミーティングマネジメントを伸ばす
目標は達成されたか？／186　あなたのミーティングマネジメントのレベルは？／186　ミーティングマネジメントを伸ばす「施策」は？／188　あなたが最初に取り組む施策を決めよう！／189　理解度チェックテスト／189　おわりに／191　グラフィック表現力の宿題／192

# 序

# あなたのスキルの
# プロファイルをつくる

　本講座では，ビジネスで頻繁に使われる重要な16のスキルの全体像と，それぞれのスキルの定義を学ぶ。そのうえで，あなたが今，16のスキルをどの程度身につけているかをつまびらかにする。これをスキルのプロファイリングという。

　スキルには「レベル」という概念がある。完璧にマスターし，人に教えることができるならレベル4とする。逆に，まったくの素人ならレベル0だ。レベル2以下だとアマチュア，レベル3以上ならプロフェッショナルである。今のレベルがどうであれ，プロフェッショナルをめざすあなたの目標は，レベル3以上だ。

　あなたがめざしているプロフェッショナルの領域により，必要性の薄いスキルもある。そういうスキルは，レベル2で十分だろう。それでもレベル2である必要はある。ビジネスで使わないスキルなどないからだ。

# 第1章

# 「スキル」とは？

## 16のスキルを網羅的に学習する

　スキルアカデミーでは「能力の氷山モデル」という概念を用いる。図表1である。人はビジネスにおいて，知識，スキル，コンピテンシー，価値観，そして動機を総動員している。この講座では，氷山モデルの上から2番目に位置するスキルをもっぱら扱うことになる。

図表1　人の能力とは？

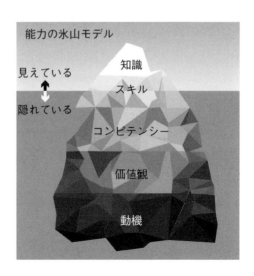

ビジネスで必須な16のスキル（図表2）すべてを一気に学習しようという，極めてチャレンジングな試みだ。

**図表2　16の重要スキルの定義**

| クラスター | 編 | スキル | 定義 |
|---|---|---|---|
| 表現力 | 基礎 | 1. 言語化スキル | 曖昧な知識を過不足なく，皆が同じイメージを持てるよう表現する |
| | 目的 | 1. グラフィック表現力 | 説得力を増すため，大量のデータや複雑・曖昧な概念を図にする |
| | 目的 | 6. ライティングスキル | 過不足なく，わかりやすく著す |
| 説得力 | 目的 | 2. 論理的思考力 | ある一定の結論に至る論を，飛躍なく説得力をもって進める |
| | 目的 | 5. プレゼンテーションスキル | 自分の考えを過不足なく相手に伝える |
| 仕事力 | 基礎 | 2. リーディングスキル | 読む対象を選択し，適切な速さで読み，必要な知識を獲得する |
| | 目的 | 3. 因果分析 | 因果関係を論理の飛躍なく示し，原因・解決策を明らかにする |
| | 目的 | 4. イシュー分析 | 錯綜する課題の真の問題点，重要度，相互の関係を明らかにする |
| 会話力 | 基礎 | 3. リスニングスキル | 相手の話を聴き，必要な情報を獲得する |
| | 基礎 | 4. コミュニケーションスキル | 会話により，相手との相互理解を深める |
| | 目的 | 7. ネゴシエーションスキル | いやがる相手を自分の有利な結論に導く |
| 協働力 | 基礎 | 5. ミーティングマネジメント | ミーティングを効果的，効率的に運営する |
| | 目的 | 8. ブレーンストーミングスキル | 集団でアイデアを出し合い，新しい発想を誘発し合う |
| （複合） | 複合 | 1. ファシリテーションスキル | 異種の知識を結合し，新しい知識を創造する |
| | 複合 | 2. コーチングスキル | 巧みな質問とアドバイスで，他者の能力や可能性を引き出す |
| | 複合 | 3. プロジェクトセールススキル | 知的サービスプロジェクトを巧みに売り込む |

　本シリーズだけで，16のスキルをすべて100％習得するということではない。どちらかというと，すべてのスキルの「本質的な意味」を学習する。そのうえで，自分の今のスキルレベルを特定し，自分が身につけるべきスキルの優先順位を決めることに重点が置かれている。今後あなたが，どのスキルをどの程度まで学習する必要があるのかを明らかにするのだ。

## 「Myページ」の中の「Myキャリア」を使おう!

「キャリアビルダー」は,社会人向けのキャリア開発支援サービスだ。ログインすると,あなた専用の「Myページ」の中に「Myキャリア」がある。「Myキャリア」は,自分の能力を知り,キャリアを実現するために用いるものだ。

Myキャリア

　まだ当サイトに未登録の方は,ぜひ新規登録してほしい。あなた専用の「Myページ」が開設され,「Myキャリア」が使えるようになる。詳しくは本書の冒頭の「本書の使い方」を読んでいただきたい。

## 第2章

# スキルの定義

## 知識とスキル

能力の氷山モデル（図表1）で，一番上の知識と，その直下にあるスキルの違いを明確に理解することが，スキルの何たるかを知る近道だ。

図表1　人の能力とは？

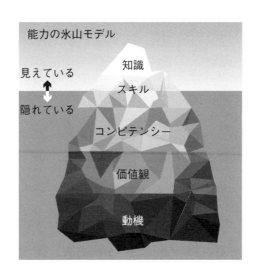

氷山モデルでは，知識を「ある専門領域での仕事に利用可能な，知っていること」と定義する。ビジネス分野では，経営論，マーケティング論，組織論，回路設計技術，生産技術などの特定のビジネスシーンで使う「縦」の知だ。

一方「スキル」は，「汎用的に使えるが，体得するまでに訓練が必要な技巧的能力」と定義した。ビジネス分野では，プレゼンテーションスキルやコミュニケーションスキル，ファシリテーションスキルなど，あらゆるビジネスシーンで使える「横」の知である。

## 「狭義のスキル」と「広義のスキル」

能力の氷山モデルにあるスキルは「狭義のスキル」だ。限定的にスキルを捉えている。プレゼンテーションスキルとかコミュニケーションスキルなどのことだ。本講座で用いるスキルは，この「狭義のスキル」である。上記のスキルの定義も，「狭義のスキル」の定義だ。

一方，極めて広範な意味でスキルを用いる場合もある。氷山モデルでいうと，（狭義の）スキルのみならず，知識もコンピテンシーも含め，すべてをスキルと呼ぶことがある。これを「広義のスキル」と呼ぶことにする。IBMでは，この意味でスキルを使っている。また，eブック出版サービスを行う「スキルアカデミー」のスキルも，広義のスキルだ。たいへん紛らわしいと思うが，使い分けてほしい。

## 知識とスキルの違いを明確にしておこう

図表3を見ていただきたい。知識は頭で覚える「知」だ。数学や物理が典型だ。専門的な「縦」の知識のことで，すべてが言語化されている。むろん，それらの学問領域では日夜研究が続けられており，混沌の世界から新しい法則を生む努力がなされている。知識が生まれるとは，それまで言語で表現できなかったことを言語で表現することだ。こうして生まれた言語化された知識は，人から人に言葉で伝えることができる。ただ，難しい知識は，だれもが理解で

**図表3　知識とスキルの違い**

| 知識（Knowledge） | | スキル（Skill） |
|---|---|---|
| 頭で覚える「知」（例:数学,言語学） |  | 体で覚える「知」（例:自転車の運転法,言語） |
| 専門的な「縦」の知 |  | あらゆる仕事をする際に使われる汎用的な「横」の知 |
| 内容を言語化することが可能 |  | そのエッセンス部分は言語化できない |
| すべての人が獲得できるとは限らない |  | ほとんどの人が（その意志があれば）獲得することができる |

きるものではないが。

　スキルは体で覚える「知」だ。自転車の乗り方が典型で，これに関する分厚い本を書いたとしても，読了後，すぐに自転車に乗れるようになるかというと絶対にありえない。そのエッセンス部分はどうしても言語化できず，体得せねばならないのがスキルだ。ただ，スキルは，ほとんどの人がその意志さえあれば獲得できる。それも相当のレベルまで到達できる。ここが知識と違うところだ。

## 第3章

# 16の重要なスキルとスキルの全体像

## スキルの全体図

「狭義のスキル」の範疇でも，挙げようとすればいくつものスキルが挙げられる。本講座では，数年以上のビジネス経験をもち，プロフェッショナルレベルのビジネスパーソンをめざすあなたに必要な16のスキルを取り上げる。

**図表4　16の重要スキルとスキルの全体像**

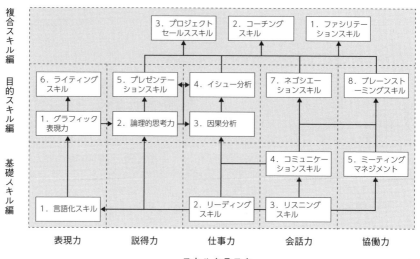

図表4を見てみよう。（狭義の）スキルの全体像だ。横軸はスキルクラスターである。全体像の把握のため，スキルをビジネスシーンごとに分類したものだ。表現力，説得力，仕事力，会話力，協働力の5つである。意味は自明であろう。例えば，協働力とは，複数でともに働く状況で使われるスキルだ。ミーティングマネジメントとブレーンストーミングスキルを配している。

　縦軸は下から基礎スキル編，目的スキル編，複合スキル編と，ブロック化している。基礎スキル編のスキルだから習得が容易だということではない。スキル全体を習得するうえで，共通基盤となる基礎的なスキルという意味だ。5つの基本的なスキルで構成されている。意識しなければ，使っていると認識しない種類のスキルである。

　目的スキル編は8つのスキルだ。それぞれのスキルは，ある特定の目的のもとで使われる。ライティングスキルは書くときにのみ使う。プレゼンテーションスキルは発表の際に使う。それぞれの目的に沿い，意識的に使うスキルといえるだろう。意識することを心がけるなら，習得の道は近いかもしれない。

　複合スキル編は，いろいろなスキルを必要とする複合的なスキルだ。各種のスキルを獲得したうえで，最終的に習得しうるスキルだということで，上級のスキルといえよう。

　図中の矢印は，基礎スキルから複合スキルに向け，スキルが積み重なっていくことを示すものだ。数字は区別のために便宜的に振ったにすぎない。

## 16のスキルの定義

　重要な16のスキルの非常に簡単な定義である図表2を再掲する。定義としては簡単すぎて，誤解を招く可能性はある。しかし，そのような誤解は内容がわかってくれば解消する。定義は簡単なほどよい。

**図表2　16の重要スキルの定義**

| クラスター | 編 | スキル | 定義 |
|---|---|---|---|
| 表現力 | 初級 | 1. 言語化スキル | 曖昧な知識を過不足なく，皆が同じイメージを持てるよう表現する |
| | 中級 | 1. グラフィック表現力 | グラフィック表現力：大量のデータや複雑な概念を図式化する |
| | 中級 | 6. ライティングスキル | 過不足なく，分かりやすく著す |
| 説得力 | 中級 | 2. 論理的思考力 | ある一定の結論に至る論を，飛躍なく説得力をもって進める |
| | 中級 | 5. プレゼンテーションスキル | 自分の考えを過不足なく相手に伝える |
| 仕事力 | 初級 | 2. リーディングスキル | 適切なスピードで読み，必要な知識を獲得する |
| | 中級 | 3. 因果分析 | 因果関係を論理の飛躍なく示し，原因・解決策を明らかにする |
| | 中級 | 4. イシュー分析 | 錯綜する課題の真の問題点，重要度，相互の関係を明らかにする |
| 会話力 | 初級 | 3. リスニングスキル | 相手の話を聴き，必要な情報を獲得する |
| | 初級 | 4. コミュニケーションスキル | 会話により，相手との相互理解を深める |
| | 中級 | 7. ネゴシエーションスキル | いやがる相手を自分の有利な結論に導く |
| 協働力 | 初級 | 5. ミーティングマネジメント | ミーティングを効果的，効率的に運営する |
| | 中級 | 8. ブレーンストーミングスキル | 集団でアイデアを出し合い，新しい発想を誘発し合う |
| （複合） | 上級 | 1. ファシリテーションスキル | 異種の知識を結合し，新しい知識を創造する |
| | 上級 | 2. コーチングスキル | 巧みな会話とアドバイスで，他者の能力・可能性を引き出す |
| | 上級 | 3. プロジェクトセールススキル | 労働サービスプロジェクトを巧みに売り込む |

　　課題：16の重要スキルの中から，あなたが強いと思えるスキルを4つ特定せよ。

強いスキル

課題：次に弱いと思えるスキルを4つ特定せよ。

弱いスキル

　これらの課題は，あなたに図表5にあるすべての定義に目を通してもらうために設けたものだ。むろん，正解があるような課題ではない。

## 私はどのスキルが弱いか？

　次に，私（筆者）のスキルについて考えてもらいたい。私はほとんどのスキルが平均より高いと思っている。学校を出てから日本のエスタブリッシュメントに「就職」し（本当は，「就社」というべきところだ）数年，その後，米国系のコンサルティング会社に参画して10年，さらに独立コンサルタントとして20年弱，現在に至る。私の社会的経歴のほとんどは，戦略系のコンサルティングである。

　問題：私が苦手とするスキルはどれだろうか？　1つ挙げてほしい。もう一度図表5を見ながら考えてみよう。私の略歴で推察してほしい。

筆者の弱いスキル

　コンサルタントは皆ネゴシエーションスキルが弱いかというと，そのようなことはない。同じ外資系でも投資銀行（インベストメントバンク）系のM&A

コンサルタントはネゴシエーションのプロだ。彼らはディール（M&Aの取引）がまとまらねばお金にならない。うまい落とし所を見つけることこそ，彼らの真骨頂だ。

## なぜ「ディベート」がないのか？

16の重要スキルの中に「ディベート」が入っていない。ディベートはスキルの一種である。なぜ，重要スキルの中に入れないのだろうか。

ディベートとは，あるテーマに関し，異なる立場で議論をすることだ。典型は，アメリカの大統領選で見られる候補者同士のテレビ討論会だ。立場を異にし，自分の論陣を張り，相手の弱点を突き，自分に有利な世評をつくり上げる。グローバル化が叫ばれる昨今，ディベートスキルは非常に重要なスキルのはずだ。

教育の対象がビジネス経験の浅い人たちや学生たちなら，何の躊躇もなくディベートを16のスキルの中に入れる。論陣を張り，一貫性を保ち，相手を論破することを学ぶことは重要だ。しかし，本講座が対象としている読者は，経験のあるビジネスパーソンである。

## ファシリテーションのほうが格段に有効

ビジネスの現場を想起してみよう。論陣を張り，相手を論破するような場面が思い浮かぶだろうか。あまりないはずだ。相手を気持ちよくさせて説得するとか，相手の意見をうまく取り入れてより良い合意に導くという場面ならいくらでも思い浮かぶだろう。このようなことをうまくこなすのに必要なスキルは何だろうか。そう，ディベートスキルではなく，ファシリテーションスキルである。

本講座では，複合スキルの1つとしてファシリテーションスキルを取り上げている。これを学ぶなら，ディベートスキルに時間を費やす必要はないのだ。だから16のスキルの中に入れていない。

ディベートスキルの他にもいろいろなスキルがあり得るが，本書では，その中でも重要な16のスキルに限って学習していただく。これで十分なのだ。

# 第4章

# スキルのプロファイリング

## 5段階でスキルを評価する

それぞれのスキルにはレベルがある。レベル0からレベル4の5段階で表現しよう。図表5がそれだ。実際の評価は，0.5刻みでするので，9段階評価になる。

**図表5　スキルのレベル**

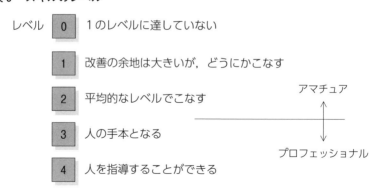

レベル2まではアマチュア，レベル3以上はプロフェッショナルだ。プロフェッショナルをめざすあなたは，常にレベル3以上をめざさねばならない。

**問題**：先ほどの問題で出てきた私（筆者）のネゴシエーションスキルのレベルはどのレベルか。

ネゴシエーションスキルのレベル

## あなたのスキルのプロファイリング

**課題**：各々のスキルで，「現在」のあなたのスキルレベル（図表6）がどの程度か考え，「Myキャリア」の「現在」のレベルを選択しよう。まず，先の課題で，自分が強いと思った4つのスキルのレベルを決めよう。次に弱いと認定した4つのスキルのレベルを決めよう。そのあとで，残りの8つのレベルを決めるのがよいだろう。

**図表6　あなたのスキルとスキルレベル**

(2) スキル

| No. | 編 | スキル | レベル 現在 / 中期目標 | 重要度 |
|---|---|---|---|---|
| 1 | 基礎スキル | 言語化スキル | 4 ▼ / ▼ | ▼ |
| 2 | | リーディング・スキル | 3.5 ▼ / ▼ | ▼ |
| 3 | | リスニング・スキル | 3 ▼ / ▼ | ▼ |
| 4 | | コミュニケーション・スキル | 2 ▼ / ▼ | ▼ |
| 5 | | ミーティング・マネジメント | 3 ▼ / ▼ | ▼ |
| 6 | 目的スキル | グラフィック表現力 | 3.5 ▼ / ▼ | ▼ |
| 7 | | 論理的思考力 | 3.5 ▼ / ▼ | ▼ |
| 8 | | 因果分析 | 3.5 ▼ / ▼ | ▼ |
| 9 | | イシュー分析 | 3 ▼ / ▼ | ▼ |
| 10 | | プレゼンテーション・スキル | 3 ▼ / 4 ▼ | 最も重要 ▼ |
| 11 | | ライティング・スキル | 3 ▼ / ▼ | ▼ |
| 12 | | ネゴシエーション・スキル | 4 ▼ / ▼ | ▼ |
| 13 | | ブレーンストーミングスキル | 3 ▼ / ▼ | ▼ |
| 14 | 複合スキル | ファシリテーション・スキル | 3 ▼ / 4 ▼ | ▼ |
| 15 | | コーチング・スキル | 3 ▼ / ▼ | ▼ |
| 16 | | プロジェクト・セールス・スキル | 3.5 ▼ / ▼ | ▼ |

変更を保存する

スキルのプロファイリング

　回答が終わったら，もう一度「Myキャリア」の「コンピテンシーのプロファイル」全体を眺めてみよう。どのような感想をもたれるか。なかなかのものじゃないかと思われたか，それとも，これではダメだなと思われたか。

## 第5章

# 本講座はスキルの「定着」を重視する

## スキルの「定着」とは？

　この講座では，学んでもらったスキルがあなたに「定着」することを強く促す。スキルが定着するとは，学んだスキルを実戦で活用するようになることだ。初めはうまくいかないかもしれない。失敗するかもしれない。それでも実戦で使ってほしいのだ。使わなければスキルは身につかない。だから，実戦で失敗してでも使う気がないなら，初めから読まないほうがいいぐらいだ。

　逆に，スキルは実戦で使えば必ず使えるようになる。例えば，「イシュー分析」というスキル——論理的思考力の一部——だが，この講座を読んだだけではおそらく使えるようにはならない。関連する本を読むのもいいだろう。また，有料のセミナーに参加するのもいいだろう。本講座を受講したあとなら，そういうセミナーから得るものは，本講座を読まないときに比べて格段に大きくなるはずだ。

　ただ，実戦の中でそのスキルを使ってみるのが何より大切だ。イシュー分析は経営の意思決定にたいへん有効なスキルであり，2回，3回と実戦で使ううちに必ず体得できるようになるものだ。

序

あなたのスキルのプロファイルをつくる

## 理解度チェックテスト

　本講座では，各部の最後尾に，定着を促す目的で，非常に簡単な理解度チェックテストを用意している。以下の記述のうち，正しいものを選べ。10問中7問以上の正解で，この部を読了したと見なすこととする。

○「能力の氷山モデル」は上から，知識，スキル，コンピテンシー，動機である
○スキルは座学により完璧に習得できる
○それに対し知識は，体験を通して獲得するものだ
○知識はだれでもその意志さえあれば獲得できるが，スキルは獲得できるとは限らない
○基礎スキル編のスキルは，だれでも簡単に獲得することができる
○当講座では16のスキルを学ぶことになるが，これですべてのスキルをカバーしている
○ビジネス上，「ディベート」より「ファシリテーション」が格段に有効なスキルだ
○スキルのレベルには「0」がある
○スキルにはそれぞれレベルがあるが，プロフェッショナルはレベル3以上である
○スキルの「定着」とは，実戦でそのスキルを使うようになることだ

理解度チェックテスト

## おわりに

次の部は「言語化スキル」だ（図表7）。言語化スキルはすべてのスキルの基礎となるものだ。基礎だから簡単だというわけではない。いや，むしろ習得が非常に難しいのが言語化スキルだ。特に日本人は苦手だ。普段から言語化を避け，曖昧にしておく文化があるからだ。

**図表7　16の重要スキルとスキルの全体像**

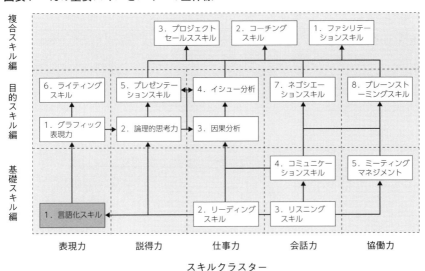

言語化スキルの本講座での定義は，「ものごとを簡潔に，過不足なく，かつまただれもが同じイメージを結ぶように表現すること」である。この定義の意味するところ，またこのスキルの奥深さがわかってくれれば十分だ。

スキルの学習の効率を上げるため，毎回，次のスキルに関連する宿題を出すことにする。ほとんどの場合，簡単な宿題だ。以下は，言語化スキルに関連する宿題だ。

**宿題**：われわれは，「語ることができるより多くのことを知っている」か？ それとも，「語ることができるより多くのことは知らない」か？ あなたの考えを述べよ。

語ることができるより多くのことを知っている？

次の部「第1部　言語化スキル」でお会いしよう。

| 補　章

# 研修やセミナーはリーダーシップ形成に役だっているか？

## 721の法則とは？

　アメリカに，ATD（Association for Talent Development）という組織がある。間違いなく，世界最大で世界最高の研修や人材開発に関する組織である。
　2014年，ワシントンD.C.で開催された年次集会で，「721の法則」という言葉が大いに使われた（図表8）。これは日本ではかなり前から使われていた言葉だ。「あなたがリーダーシップを発揮できるようになるうえで有益だった出来事は？」という質問に対する答えで，7割が仕事上の経験という。納得がいく

**図表8　「721」の法則**

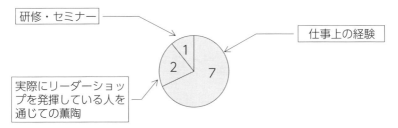

出所：金井壽宏（神戸大学教授），日本経済新聞『やさしい経済学－経営のフロンティア』「リーダー育成の連鎖」，2008年9月

のではないか。

　次の２割が，実際にリーダーシップを発揮している人を通じての薫陶だという。薫陶とは，先をいくリーダーから言語的に，もしくは非言語的に伝えられる価値観やものの見方のことである。要するに，９割は仕事にかかわる機会や経験を通じて得られるものだ。

　そして，最後の１割が研修やセミナーだという。それでは，研修やセミナーに属する当講座を受けても，あまり効果は期待できない——かというと，そうではない。

## 理屈を学ぶということ

　ユダヤ系の心理学者クルト・レヴィン（1890〜1947）は，「よい理論ほど実際に役に立つものはない」と言っている。たいへん正しい言葉だ。

　丹羽宇一郎元伊藤忠社長，元中国大使は「経営は論理と気合だ」という。「気合」や「野生の勘」の前に「理論」をわかっておけという意味で言っている。

　『ストーリーとしての競争戦略』（東洋経済新報社，2010年）の中で，著者の一橋大学楠木建教授は「『理屈じゃないから，理屈が大切』の論理」を展開している。経営は理屈で説明のつくことが20％，説明のつかないことが80％だという。でも，だからこそ理屈を大切にすべきだというのだ。

　皆，同じことを言っている。スキルも理屈を知っておくことが重要だ。最も大切なところを言語化できないのがスキルだ。だから，余計に理屈をわかっておくことが重要なのだ。

## リーダーシップ開発のドライバーは何か？

　ここで今一度「721の法則」（図表８）を思い出してもらおう。リーダーシップの開発とは，図中の「円」の大きさを大きくすることだ。しかも，なるべく速いスピードでだ。

**問題**：リーダーシップの開発に有益な「経験」と「薫陶」と「研修」の中で，どれがリーダーシップ開発のドライバー（先導して他を引っ張るもの）だろうか。

リーダーシップ開発のドライバー

　次の部である「第１部　言語化スキル」の中で，「知の創造プロセス」なるものを学ぶことになる。これを読んでいただければ，ここで述べた理屈がわかっていただけると思う。要は，言語化されたことをあらかじめ知っておくことで，知らなければ見過ごしていたはずのことを認知できるようになるのだ。

　例えば，だれかのプレゼンテーションを見ていて，今までだったら，終わったときに「あのプレゼンはだめだったなあ」という漠とした感想しかもてなかったとしよう。プレゼンテーションの理屈を知っていると，プレゼンの最中に，「ここは当然，このようにすべきだ」と思えるようになる。下手なプレゼンが鏡となって，あなたのプレゼンテーションのスキルレベルを上げることができるのだ。これが理屈を知る意義であり，研修やセミナーの意義である。

## 第1部

# 言語化スキル（前半）
## ——言語化スキルは経営の根幹である

　「言語化スキル」という言葉は，私が命名したものだ。この世にはスキル関連の本があふれているが，「言語化スキル」を正面から取り上げた本はない。

　本シリーズの趣旨は，すべてのスキルを一気にマスターしてしまおうというものだ。しかし，言語化スキルだけは，そう簡単にマスターできるものではない。前半，後半と，かなり長い記述になっているのも，説明が容易でないことに起因している。

　前半では，難しい言語化スキルの意味を，日本文化という背景の中で解説する。そして日本の経営を改革するキーが，言語化スキルにあることを明らかにする。また後半では，演習を多く設け，それらに取り組む中でスキルの習得が進むように設計されている。

　言語化スキルが何であるかを知ることは，大変興味深いプロセスだと思う。ぜひ，楽しんで読み進めていただきたい。

第1章

# 「言語化スキル」とは？

## 言語化スキルの定義

いよいよビジネススキルの一番目，言語化スキルだ。図表1が当講座で扱う16の重要スキルの全体像だ。この中で，言語化スキルは基礎スキル編に位置づけている。

図表1　16の重要スキルとスキルの全体像

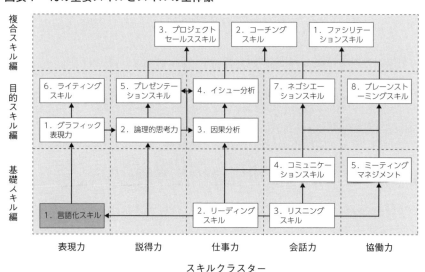

言語化スキルの力がつけば，おのずと他のスキルも伸びる。そういう意味での基礎的なスキルである。決して簡単に身につけられるという意味ではない。言語化スキルはスキルクラスターの「表現力」の中に置いている。

図表2が16の重要スキルの定義だ。言語化スキルの定義は，「ものごとを簡潔に，過不足なく，かつまただれもが同じイメージを結ぶように表現する」ことである。モノやコトは明確に定義されているようで，実は曖昧性を内在している。したがって，物理的に同じモノを見ていても，人によって解釈が違うのが常だ。言語化するとは，このような曖昧性を排除し，だれもが同じイメージを結べるように，簡潔に再定義する——言い直す——ことだ。

**図表2　16の重要スキルの定義**

| クラスター | 編 | スキル | 定義 |
|---|---|---|---|
| 表現力 | 基礎 | 1. 言語化スキル | 曖昧な知識を過不足なく，皆が同じイメージを持てるよう表現する |
| | 目的 | 1. グラフィック表現力 | 説得力を増すため，大量のデータや複雑・曖昧な概念を図にする |
| | 目的 | 6. ライティングスキル | 過不足なく，わかりやすく著す |
| 説得力 | 目的 | 2. 論理的思考力 | ある一定の結論に至る論を，飛躍なく説得力をもって進める |
| | 目的 | 5. プレゼンテーションスキル | 自分の考えを過不足なく相手に伝える |
| 仕事力 | 基礎 | 2. リーディングスキル | 読む対象を選択し，適切な速さで読み，必要な知識を獲得する |
| | 目的 | 3. 因果分析 | 因果関係を論理の飛躍なく示し，原因・解決策を明らかにする |
| | 目的 | 4. イシュー分析 | 錯綜する課題の真の問題点，重要度，相互の関係を明らかにする |
| 会話力 | 基礎 | 3. リスニングスキル | 相手の話を聴き，必要な情報を獲得する |
| | 基礎 | 4. コミュニケーションスキル | 会話により，相手との相互理解を深める |
| | 目的 | 7. ネゴシエーションスキル | いやがる相手を自分の有利な結論に導く |
| 協働力 | 基礎 | 5. ミーティングマネジメント | ミーティングを効果的，効率的に運営する |
| | 目的 | 8. ブレーンストーミングスキル | 集団でアイデアを出し合い，新しい発想を誘発し合う |
| （複合） | 複合 | 1. ファシリテーションスキル | 異種の知識を結合し，新しい知識を創造する |
| | 複合 | 2. コーチングスキル | 巧みな質問とアドバイスで，他者の能力や可能性を引き出す |
| | 複合 | 3. プロジェクトセールススキル | 知的サービスプロジェクトを巧みに売り込む |

## この部の到達目標を3つ設定する

　この部を読めば，あなたの言語化スキルは完璧になる——というものではない。そうではなくて，言語化スキルとは何かが明確になりさえすれば十分だ。あとは日常で言語化を意識すること。そうすれば少しずつ，しかし確実に身についてくる。逆に，意識していないと，伸びないスキルでもある。

　この部の到達目標を以下のとおり，3つ設定する。難しい目標ではない。しかし，ここまで到達できれば，十分だ。

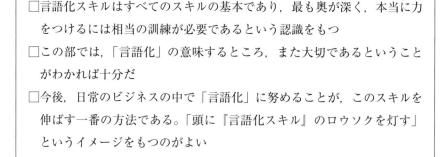

　この部の最後でもう一度，この3つの目標に戻ってくる。あなたはそこで，これら3つの目標に到達できたかを問われることになる。

29

## 第2章

# われわれは曖昧の国の住人である

第1部　言語化スキル（前半）

### 日本文化というコンテクストの上で成立する俳句

　芭蕉の「古池や　かわず飛び込む　水の音」という有名な俳句がある。何とも美しい情景が浮かぶ。カエルは何匹いるだろう。多くの人が一匹という。

　日本で雅楽の典型的な構成として「序破急」がある。雅楽に限らず能や歌舞伎，剣道などにも用いられる。序破急を用いて芭蕉の句を解釈してみよう。

　「序」で場が設定される。「古池や」が序である。「破」で設定されていた場が破られる。「かわず飛び込む」がこれだ。そして「急」で風雲急を告げ，事態が展開する。「水の音」だ。そして余韻が残る。水の音でかえって強調される場の静けさ。ああ，いいもんだなあという余韻に浸るのである。

　序破急という古典的な形式で展開された芭蕉の句，面白いことに「起承転結」での「結」がない。結論まで言語化するな，ということなのだろう。わかっているだろ，皆まで言うなということだ。なぜ，このような共通理解が成り立つのか。それは，日本という国土，日本という文化がコンテクストとして共有化されているからである。

### 外国人には俳句の意味がわからない

　文化や環境，前提が違えば，まったく違う情景が浮かぶ。熱帯雨林にある池

にカエルが飛び込む。現地の人たちは，数千匹にも及ぶカエルが集団で池にジャバジャバと飛び込んでいく情景を思い浮かべるらしい。コンテクスト（背景）が違うと，同じコンテンツ（内容）でも違う解釈になる。コンテンツの行間には，色濃くコンテクストが隠れているのだ。逆に17文字の世界では短くて，コンテクストに頼らねば，何も表現できないともいえる。

　芭蕉の句をそのまま英訳すると，アメリカ人なら "So what?"（だからどうした？）という言葉が返ってくるはずだ。「水の音がして，で，何が言いたいのだ？」という感じだ。日本のコンテクスト（背景）を共有化していないコンテンツ（内容）重視のアメリカ人なら，結論を知りたがる。

　むろん，芭蕉の句だけではない。例えば，加賀の千代女の「朝顔に　つるべ取られて　もらい水」も序破急で，結論がない。自由律俳句の尾崎放哉の「咳をしてもひとり」は序破急ではないが，結論がないことは同じだ。

　日本を大好きな外国人には，日本人よりもよく俳句を理解する人がいる。欧州理事会の初代常任議長として知られるベルギー人ヘルマン・ファンロンパイは稀代の俳句好きで，自身の俳句集を出版しているほどだ。こういう方々は例外であって，文化を異にする外国人が俳句という曖昧な世界を正しく理解するのはたいへん難しい。

## 日本語は相手の反応を見ながら意見を変えられる

　日本語での会話の中で，「私は好き……」まで言っておいて，相手の顔色をうかがう。表情を読んで相手が好きでないであろうと察しがつくと，「……ではありません」ということが可能だ。間が空くことで，かえって本心の吐露のように聞こえたりする。

　日本語では肯定か否定かは文末まで待たねばわからない。日本語特有の文法だ。相手に合わせ，事実や自分の信念を曲げて表現することができる。相手との関係を重視するのだ。

　英語だと肯定か否定かは，冒頭の主語の次で表明せねばならない。"I like" か "I don't like" のどちらかは，言い出した瞬間に決まり，相手の考えに合わ

せる暇がない。英語の場合，どうしても事実や自分の信念が前面に出てくる。相手との関係が入り込む余地が少ない。

　世界には約6,000の言語があるといわれる。日本語のような文法の言語は45％，英語のような構造の文法は30％だそうだ。どうも，事実や自分の信念を曲げてでも相手に合わせる傾向を，日本語の構文だけのせいにするわけにはいかないようだ。

## 3.11での東電と自衛隊のやりとりをどう解釈するか？

　3.11の東北大震災の後，津波によって電源をすべて失った東京電力福島第一原子力発電所での出来事が典型だ。2011年3月18日（金）0時11分配信の時事通信によると，以下。

> ——燃料プールの冷却機能が停止し，核燃料棒の破損や放射性物質の放出が懸念されている3号機には17日午前，陸自CH47型ヘリ2機が4回にわたり水を投下した。敷地内の放射線量に大きな変化はみられないものの，東電は「建屋から水蒸気が立ち上がり，放水による冷却効果はあった」と評価している。

　サイト上の図表3はYouTubeで公開されているテレビ映像のスクリーンショットだ。あなたもテレビの前でかじりついて見たのではないか。期待に反し，効果は明らかになかった。むろん，ここで私は自衛隊を叱責するつもりは毛頭ない。未曾有の危機に命がけで挑んだ自衛隊員は賞賛に値する。ここでの問題は，なぜ東電が「放水による冷却効果はあった」と評価しているかだ。

放水による冷却効果は？

結論をいえば，東電は，放水効果がなかったという事実よりも，自衛隊との関係を重視したのだ。東電は，これからも不測の事態が起こること必定と考えていた——当然だ。そのとき東電は，事実よりも自衛隊との関係を選択したのだ。

　むろん，ヘリコプターからの放水の効果がなかったことは，東電も自衛隊も承知している。その証拠に，その後，同じような放水はされなかった。それでも，「効果はなかった」とは，東電は言えなかったのだ。今後の自衛隊との関係を保つため，まずは効果があったと自衛隊の顔を立てたのである。

## 「事実」より「関係」を重視する日本

　図表4を見てほしい。主体である「私」は，「あなた」と，客体である「事実」について議論しているとしよう。英語での会話では，「私（主体）」も「あなた」も「事実（客体）」に向き合う。英語では「あなた」が大統領であろうが犬であろうが"you"は"you"，「あなた」だ。会話では「事実」が重視される。

　日本語の会話は違う。「私」は「一人称」=「自称」だ。「あなた」は「二人称」=「対称」で，「私」と「あなた」との「関係」が色濃く存在する。「私」と「あなた」の関係で，お互いの呼称まで変わる。その2人が事実である「三

**図表4　事実と関係**

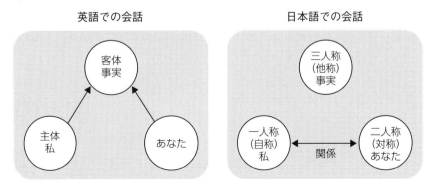

人称」＝「他称」について議論する。「事実」はあくまで「他称」であり軽視され，「関係」こそが重視される。

## 「敬語」の弊害は限りなく大きい

　日本の美の１つに敬語が挙げられる。この敬語が実は，「言語化」という観点から見たとき，限りなく大きな弊害となっている。

　「敬語」とは，そもそも儒教の「長幼の序（上のものと下のものとの間の秩序を重視する姿勢）」に源を発する。「関係」を重視する姿勢を「言語体系」の中に体現したものが「敬語」だ。だから，敬語を使って相手と話せば，「関係」こそが重視されるようになるのは当然なのである。

　司馬遼太郎（『街道をゆく13巻　壱岐・対馬の道』）によれば，地に根付き農耕を営む農村では敬語文化が発達した。しかし，「板子一枚下は地獄」といわれる漁村では，ばかていねいな敬語など使っている暇がなく，したがって敬語を使わぬ文化が根付いたという。特に，高度に漁業技術を開発してきた紀州や泉州沿岸では，明治になるまで敬語は使われていなかったという。

　敬語のない文化が明治初期まであったという事実に，ある種の感動を覚えるのは私だけだろうか。敬語は，日本固有の「特殊」な文化に過ぎないということを端的に示している。律令制度という社会秩序を規定する時代の前は，敬語のない世界だった。逆に，敬語は人類に共通の普遍的文明にはなり難いということも示してくれている。日本の美の一端を担う敬語の，そんな側面にも留意いただきたい。

　だからといって，敬語は使うな，などと申し上げるつもりは毛頭ない。日本社会で生きていく限り，敬語は必須だ。ただ，敬語のもつ「言語化」という観点から見た弊害を常に意識していただきたい，ということだ。

## 「事実」を重視した会話をめざせ！

　経営の世界は，今や関係を重視すれば生き残れるという時代ではない。かつては良かった。1990年までの日本の中核的産業であった製鉄業の生き様を振り返るとよくわかる。

　日本の製鉄業は，最大手の新日鉄を頂点に秩序ができていた。日本市場が海外から孤立して存立しえた時代である。新日鉄の会長で当時の日本製鉄連盟の会長であり，経団連の会長であった稲山嘉寛の「がまんの経営」こそ，関係重視の経営の典型だ。日本国内では関係を重視し，シェアの奪い合いはやめておこう，代わりに暗黙の談合（法律違反ではない）により価格を統制しようという方針で，自由主義経済とは相容れない考え方であった。

　その後，日本市場はグローバリゼーションの波に市場障壁を壊され，世界的な競争を余儀なくされるに至る。製鉄業しかり，工作機械産業しかり，電器・電子産業しかり，金型産業しかりである。

　この時代に必要な姿勢こそ，関係よりも事実を見据える姿勢だ。よく「空気を読む」という言葉が使われるが，この言葉も関係重視に根ざした言葉だ。「空気を読む」より「事実を読む」べきだ。事実を見据えるには，まずは対象を深く観察し，調査し，分析することだ。事実を曖昧なまま，見て見ぬふりをしていてはならない。この際，空気は関係ない。ともかく，関係より事実を重視した会話をめざそう。

　会社が関係だけで生きていけない時代になったのは間違いない。だとすれば，会社の中で生きていくあなたも，関係だけでは生きていけない時代にいるということだ。極端にていねい過ぎる敬語は避けるべきだ。

## 第3章

# コンテクスト重視の会話から
# コンテンツ重視の会話へ

## われわれは言葉に支配されている？

　サピア=ウォーフ仮説（the Sapir-Whorf Hypothesis）なるものがある。「世界についてのわれわれの認識・思考は，言葉に支配されている」というものだ。

　この仮説は，アメリカのエドワード・サピア（1884～1939）という言語学者とその弟子ベンジャミン・ウォーフ（1897～1941）の2人が提唱したものだ。ウォーフは学者になる前，保険会社に勤めており，火災の原因を調査する中で，この仮説の芽を発想した。以下，日本語学者飯間浩明氏のホームページからの引用だ。

　　──「（ウォーフは）ガソリンの貯蔵所の火災を調べて，ガソリン缶の置かれている場所より，「空の」ガソリン缶の置かれている場所のほうが，火災が起こりやすいことに気づきました。不思議なことです。「空の」ガソリン缶ならば，火事の原因になるはずはないでしょう。
　　──ところが，ここにことばの落とし穴があります。「空の」ガソリン缶とは，たしかにガソリンは空っぽに近いかもしれませんが，その代わり，起爆性の気体が充満しているのです。人はそれに気づかず，近くでたばこを吸ったりします。ですから，火災を避けようとすれば，『空のガソリン缶』ではなく，『起爆性の気体が充満した缶』と表現す

べきだということになります。」

すなわち「空（から）」という言葉が，人に「安全」と思わせるというのだ。われわれは言葉に支配されているのかもしれない。

サピア＝ウォーフ仮説は名のとおり，あくまで仮説であって，学問的にはまだ立証されていない。アメリカの心理学者スティーブン・ピンカー（1954～）は，「言語が話し手の思考を大幅に規定する，という説の科学的根拠は存在しない」と明言している。ただ以下では，もう少しこの仮説に付いていこう。

## 「蛾」という言葉がないと「蛾」と「蝶」は区別できない

問題：サイト上の図表5に4匹の昆虫がいる。どれが蝶で，どれが蛾か？

蝶か？　蛾か？

どうだろう，われわれ日本人にとっては簡単なはずだ。日本語には「蝶」と「蛾」の2つの言葉があり，普段から区別して使っているからだ。ところが，フランスだとそうはいかない。フランス人は1つの言葉"papillon"（パピヨン）しか使わない。彼らフランス人は，「蝶」と「蛾」を区別しない，いや，できないのだ。「蝶」と「蛾」はあくまで1つのグループに属し，どちらも"papillon"なのである。

私がある大学院で経営学を教えていた時代，1人の卒業生が――といっても，世界第3位の金属製品メーカーの社長だが――パリから絵はがきを送ってきてくれた。「確かにフランスでは蝶と蛾をゴチャゴチャにしています」というのだ。図表6の右がそれだ。ちなみに，左は東京の都バスの停留場に掲げられていた写真。蝶しかいない。日本では，ここに蛾を混ぜることは絶対にないだろ

う。

図表6　本当にフランスには"papillons"しかいなかった

都バスの宣伝　　　　　　　　　S氏からから頂戴した
撮影2011年5月26日　　　　　　　フランスの絵葉書

　サピア＝ウォーフ仮説が正しいかどうかはともかく，言葉の使い方には十分注意する必要があることだけは，間違いなさそうだ。

## コンテンツとコンテクスト

　**問題**：サイトの図表7を見ていただきたい。少々古い話になるが，かつての日本サッカー代表鈴木隆行選手の言葉である。インタビューに応え，「イエメン戦はサウジアラビア戦より楽じゃないかと思います」と言った。鈴木選手は，イエメン戦が楽だと言っているのだろうか，それともサウジアラビア戦を楽だと言っているのだろうか？

イエメン戦はサウジアラビア戦より楽？

　大事なポイントがある。サッカーファンで，当時の状況をよく覚えている人には，どちらの意味かがハッキリしているのだ。しかし，そのような背景を知らない人には，文章だけからはどちらとも解釈できる。文章に潜む曖昧性である。

　書いてあること，言っていること，そのもののことを「コンテンツ」という。英語で"content"，不可算名詞なので普通"contents"と複数形にしない。しかし，日本ではなぜか複数形にして「コンテンツ」といい，「コンテント」は絶対に使わない。日本語では「内容」「中身」である。

　コンテンツに対して，「コンテクスト（"context"）」という言葉がある。コンテンツの背後にある「状況」や「文脈」「行間」のことだ。言葉としては書かれていない。しかし，あるコンテンツは，それを意図どおりに解釈するために，コンテクストが必要になる。鈴木選手の言葉も，コンテクストを知っているものは，鈴木選手の言わんとすることを間違いなく解釈できる。

　逆も真で，コンテクストを知らなければ，コンテンツは理解不能だ。理解できたと思っても，誤解を生む可能性がある。

## コンテンツを重視したコミュニケーションを心がける

　「言語化スキル」で強調したいのは，コンテンツを重視したコミュニケーションを心がけるということだ。図表8を見ていただきたい。あなたはAのポジションで会話をしているとしよう。90％のコンテクストと10％のコンテンツで会話をしているということを表している。おそらく，社内でのコミュニケーションなのだろう。膨大な量の共通体験や共通文化のもとで，外の人にはほとんど理解不能な会話をしているということだ。

**図表8　コミュニケーションにおけるコンテンツとコンテキスト**

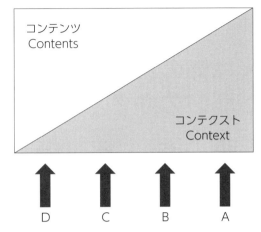

　では，どうすればよいか。左へ左へとポジションを移行させるように心がけねばならない。AからBへ，BからCへ，できればDまで行きたいものだ。ITによるコミュニケーションも，これに大いに資する。

　私は個人事業として経営コンサルタントを長らくしてきた。仕事上，いろいろな会社の人たちと付き合うことになる。Dのポジションでの会話を強いられる。コンテンツ重視の会話である。

第4章

# 日本人は知の創造プロセスのどこが弱いのか？

## われわれは語ることができるより多くのことを知っているか？

　本書の「序　あなたのスキルのプロファイルをつくる」の最後で，この部の予習のために宿題を出した。

　　宿題：われわれは，「語ることができるより多くのことを知っている」か？　それとも，「語ることができるより多くのことは知らない」か？　あなたの考えを述べよ。

語ることができるより多くのことを知っているか？

　言語化されていない知のことを「暗黙知」という。言語化され，他者に伝えられるようになった知を「形式知」という。日本人にとって暗黙知が存在するということは，当たり前のことなのだろう。
　欧米人の答えは違う。「われわれは語ることができることしか知らない」という人が多い。言葉で表せないことを「知っている」とはしないのだ。

「われわれは語ることができるより多くを知っている」という命題を提唱したのはハンガリーの物理化学者・社会科学者・科学哲学者マイケル・ポランニー（もしくはポラニー，1891〜1976）だ。彼は，「暗黙知」という概念が，古代ギリシャの時代からあったと主張している。

R・ゲルウィック著『マイケル・ポランニーの世界』（長尾史郎訳，多賀出版）からの引用である。

　　——ポラニーの，暗黙に「知ること」（暗黙知）の発見は少なくともプラトンの時代以来みとめられていた潜在的可能性の展開である。大哲学者たちは，ポラニーが「暗黙の次元（the tacit dimension）」と呼ぶものに気づいていた。

## 野中郁次郎の「知の創造プロセス」

　一橋大学の名誉教授野中郁次郎（1935〜）が「知識経営」というコンセプトを打ち出したのは，1990年代前半である。企業は生き残りをかけ，知識の創造能力を競っているという考え方だ。1995年には，米国で出版された竹内弘高との共著 "The Knowledge Creating Company"（邦題『知識創造企業』，東洋経済新報社）で，米国出版社協会の経営書部門「ベスト・ブック・オブ・ザ・イヤー賞」を獲得している。

　野中の経営学における最大の貢献は，1990年の『知識創造の経営』（日本経済社）だろう。その中で，「暗黙知と形式知の相互作用による知の創造プロセス」（図表9）という考え方を打ち出している。

　混沌として，まだ言語化されていない知が「暗黙知」だ。言語化されて他者に伝えられるようになった知が「形式知」だ。

　暗黙知が「分節化（言語化）プロセス」を経て，形式知になる。形式知として新しい知識を身につけると，昨日までは気づかなかったことからも，新しい知識が吸収できるようになる。外界から新しい知識を吸収するプロセスを「内

図表9　暗黙知と形式知の相互作用による知の創造プロセス

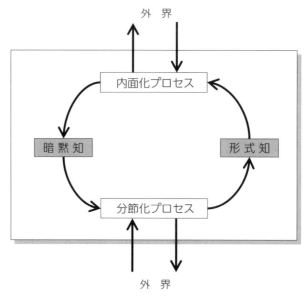

出所：野中郁次郎『知識創造の経営』（日本経済新聞社，1990年）

面化プロセス」という。ここで得られる知は暗黙知だ。

　得られた暗黙知を分節化（言語化）し，形式知化する。その形式知は内面化され，また新しい暗黙知を獲得する。これが知の創造プロセスである。

## 「分節化」という言葉と"articulate"（アーティキュレート）という言葉

　図表9の野中による知の創造プロセスにおける「分節化」と，この部で定義した「言語化」とは，まったく同じ意味で使っている。「分節」という言葉は古くから使われてきた言葉で，簡単には「全体をいくつかに区切ること」という程度の言葉だ。"papillon"（パピヨン）を蝶と蛾の2つに分けることは「分節化」である。分節化する——言語化する——ことで，知の世界は一歩前に進む。

　英語では"articulate"（アーティキュレート）という言葉があり，普通に使

われている。特に，コンサルタントは多用する。クライアント企業の問題をあぶり出すためにまず，経営数値や市場データを分析する。また多くのインタビューを行う。集まった膨大なデータから，真の問題をあぶり出し，端的に表現する。これを"articulate"するという。"articulate"という英単語を使ったことがあるなら，あなたは相当な英語の達人だ。

## 曖昧化が加速する日本語の流れに逆らえ！

　日本では言葉がドンドン曖昧化している。「…させていただく」「いかがなものか」「…と思う」「ちょっと…」などなど，すべてダメだ。語尾上げ，これもやめるべきだ。曖昧化が加速する日本語の流れに逆らわねばならない。少なくとも，ビジネスの際には。

　「…と思う」はダメだと申し上げた。「…だ」と言い切るべきだ。さる大学生，一緒に友人と食事をしていて，「どう，おいしい？」と聞かれた。その答えが凄い。「おいしい気がする気がする」と言うのだ。聞き間違えたのではない。「おいしいとおそらく感じているであろう自分が存在するように思われる」という意味だ。究極の曖昧化だ。

　ここまでくると，世も末かと感じるが，曖昧化の動きは日本に限ったことではないようだ。米国でも曖昧化は進んでいるそうだ。しかし，人のことはいい。曖昧性を排除することで関係が先鋭化することを回避するのはダメだ。曖昧に逃げようとするわれわれの姿勢を変えていく意志と実践が必要だ。

## 第5章

# ここを強くすれば
# 日本も強くなる！

## 馬馬虎虎（マーマーフーフー）ではいられない

　宋の末期のある画家の話だ。1人の顧客から馬を描いてくれと言われ，もう1人の顧客からは虎を描いてくれと言われ，首が虎で体が馬の絵を描いてしまう。「まあいいか」という姿勢だ。これを馬馬虎虎（マーマーフーフー）という。いい加減である，ぞんざいであるといった意味だ。

　余裕があるならいい。適当でいられる。金があるうちは，細かい価格の違いや釣り銭の額など気にしない。余裕がなくなってくると，そうはいかなくなる。金勘定をしっかりしなくてはならない。「言語化」が必要になるのだ。

　習近平が主席に就いて以降，尖閣諸島問題や南沙諸島問題などの領土問題が起きている。安倍首相も適当ではいられなくなり，憲法九条の解釈を変えようとしている。領土問題がないうちは憲法九条のもつ曖昧性は放置しても問題なかった。しかし，問題が先鋭化してくると，曖昧ではいられなくなる。そこで，第九条の改憲や解釈の変更が議論されているのだ。馬馬虎虎ではいられなくなったのだ。

　この四半世紀，日本企業の経営環境も，ますます日本に不利な方向に進展している。環境変化を直視し，経営上の難しい決断をせねばならない。今まで言語化せず，放置してきた問題を言語化することは，時代の要請なのだ。企業において，言語化を推進する一翼を担うのが，プロフェッショナルをめざすあな

たなのだ．私はこういう認識で，この部を書いている．

## 日本が劣るのは知の創造プロセスのどこか？

　知の創造プロセスがグルグル回ることで，知識がドンドン積み上がっていく．数学や物理の世界ではもちろんそうだが，経営の世界でも同じことだ．知の創造プロセスは，個人の中でも起こっているが，組織全体としても起こっている．あなたが今，本シリーズで学習していることも，あなたが意識するしないにかかわらず，何らかの形であなたの組織の知識となっていく．

　組織で新しい知が創造され共有されることは，組織の競争力に直結する．組織の知の伝搬スピードが遅いなら，競争に置いていかれる．知の創造プロセスが企業経営にとって，クリティカルに重要であることはおわかりいただけたと思う．非常に残念ながら，日本企業の知の創造プロセスは，欧米企業のそれと比べて大きく劣っている．

　　**問題**：知の創造プロセスにおける日本企業の弱点は，プロセスのどこにあるか？

日本企業の弱点は？

　もちろん，言語化プロセスを経なくとも，知識を組織内で伝搬させることはできる．暗黙知を暗黙知のまま，他者に伝えるのだ．「背中で教える」とか「技を盗む」という言葉で代表される方法だ．しかし，この方法は，言語化して伝えるのと比べて伝搬するスピードが格段に遅い．あるときは間違って伝わったりもする．ここに日本企業の大きな欠点がある．「言語化プロセス」が弱いことこそが，日本企業の大欠点なのだ．

組織は人の集まりだ。言語化プロセスが弱いのは，結局のところ，1人ひとりの言語化スキルの弱さに帰結する。あなたには，ぜひとも言語化スキルを学び，このスキルに長けてもらいたい。

　1人ひとりの言語化スキルの弱さと書いたが，実は，弱いも強いもない，言語化が必要なのだという認識が欠けているのだ。鎌倉時代から禅に親しみ，暗黙知を当然のことと感じてきた日本人。「背中で教える」や「技を盗む」が当たり前で，逆に形式知はどうも軽いものと考えがちなのだろう。

　そうであるなら，われわれがまずすべきは，「言語化する必要があるのだ」と強く意識することだ。

## 常に「言語化」を心がけるために「頭にロウソクを灯す」

　「言語化」を常に「意識化」するのに，私が心がけてきた方法がある。「頭に『言語化』のロウソクを灯す」というイメージをもつのだ。図表10を見ていただきたい。

**図表10　常に意識するということ**

イメージ「頭にローソクを灯す」

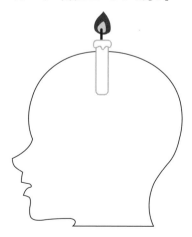

第5章　ここを強くすれば日本も強くなる！　47

「頭にロウソクを灯す」とは，意識化する——常にそのことを考えている——ということだ。あなたに，ある課題が与えられたとしよう。意識化とは，その課題があなたの頭の中に常駐していることだ。普段の仕事の最中でも，行き帰りの電車の中でも，本を読んでいるときも，そして寝ているときでさえもだ。この意識化は，普段の仕事に悪影響を与えるようなことはない。

　言語化スキルなら，常に言語化することを意識化することである。そのために，「頭に『言語化』のロウソクを灯す」というイメージをもつのである。言語化を意識化することで，曖昧なものごとを言語化することが促される。これを続けていれば，あなたの言語化スキルは必ず上達する。

## 理解度チェックテスト

　非常に簡単な理解度チェックテストだ。以下の記述のうち，正しいものを選べ。10問中7問以上の正解で，この部を読了したと見なすこととする。

> ○言語化スキルはすべてのスキルの基本であり，最も浅いスキルだ
> ○俳句は，雅楽の形式「序破急」で展開され，しばしば結論まで言語化しない
> ○日本語では肯定か否定かは文末まで待たねばわからない。相手に合わせ，事実や自分の信念を曲げることが容易にできる
> ○英語では「関係」が重視され，日本語では「事実」が重視される傾向がある
> ○「関係」を重視する「敬語」のもつ弊害を，常に念頭に置く必要がある
> ○サピア=ウォーフ仮説とは「世界についてのわれわれの認識・思考は，言葉に支配されている」というものだ
> ○コンテンツではなく，コンテクストを重視したコミュニケーションを心がけよう
> ○われわれは，語ることができるより多くのことを知っている
> ○知の創造プロセスにおける日本企業の弱点は，「内面化プロセス」である

第1部　言語化スキル（前半）

○常に言語化することを意識化するために，「頭に『言語化』のロウソクを灯す」というイメージをもとう

 理解度チェックテスト

# おわりに

　以上で「第1部　言語化スキル（前半）」の終了だ。後半では演習をしながら，言語化スキルの習得に努めることになる。そのプロセスを通し，言語化スキルの意味がより一層明瞭になるはずだ。スキルの意味を明確に理解することこそ，スキル体得の第一歩である。
　後半に向け，宿題だ。

　　宿題：日本には，「あうんの呼吸」に代表されるように，経営陣と現場との間で情緒や信頼感をベースにした一体感を大事にする文化がある。この文化は今後とも変えずにおくべきかどうか，あなたの見解は？

 あうんの呼吸

「第1部　言語化スキル（後半）」でお会いしよう。

## 第1部

# 言語化スキル（後半）
## ──言語化スキルを使う・伸ばす

　「第1部　言語化スキル（前半）」では，言語化スキルの意味を，日本の文化や日本の経営という意味合いの中で考えてきた。そして言語化の重要性を強調した。

　言語化スキルは基礎スキル編に属するスキルだが，習得するのは容易ではない。言語化スキルが非常に基本的なスキルであり，他の目的スキル，複合スキルを習得する前提となるから基礎スキル編に置いたに過ぎない。すべてのスキルの前提になるほど，言語化スキルは重要なスキルということだ。

　この「第1部　言語化スキル（後半）」では，5つの演習に挑んでもらうことで，言語化スキルを身につける一歩としていただきたい。あとは仕事の中で使うこと，これが一番だ。

第1章

# 言語化の演習

### 問題1：北島康介の発言

問題：水泳の北島康介選手がオリンピックで金メダルを獲得したあとのインタビューでの言葉「楽しく泳げたのかと思います」。これを言語化せよ。

北島康介の発言

### 問題2：「戦略」の定義

問題：「戦略」の定義が以下に4つある。このうち，言語化という意味で適切な表現はどれか？　2つが良く，2つが悪い。なお，1は日本の有名な経営学者の定義だ。
　1．市場の中の組織の活動の長期的基本設計図
　2．企業の資産を最大限に活用する道を選ぶこと

3．企業間競争で敵に勝つための大局的・総合的な方法
4．資源の再配分

戦略の定義

　1と3は円でくくって「これが戦略だ」とは言っている（図表11）。ただ，その中身が書かれていない。中身が書いてないので，言われたほうは「で，何をやったらいいんですか，具体的に言ってください」とさらに質問せざるを得ない。境界が書いてあるだけで，コンテンツがないのと同じだ。

**図表11　「戦略」の定義として，適切な表現は？**

1．市場の中の組織の活動の長期的基本設計図
3．企業間競争で敵に勝つための大局的・総合的な方法

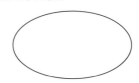

2．企業の資産を最大限に活用する道を選ぶこと
4．資源の再配分

　2と4はそこが違う。中身が書いてある。だから，「じゃあ，やってみます」と言える。さらなる質問の必要がないのだ。中身が書いてあると書いていない，この違いはあまりに大きい。われわれは経営の議論をしている。行動に結びつかない言葉は，言う意味がない。

## 問題3：「禅」とは？

問題：仏教における「禅」を言語化せよ。

「禅」とは？

「言語による表現の範囲を超えたる思想の領域に，瞑想をもって達せんとする人間の努力」という回答には，中身がある程度書いてあると思うが，どうだろう。実は，これはギリシャ人であるラフカディオ・ハーン（日本名，小泉八雲）の言葉である。新渡戸稲造の英語による著書『武士道（BUSHIDO）』に引用されている（サイト上の図表12）。言語化において，日本語の辞書の編纂者が，日本を愛した西洋人に負けたということかもしれない。

ラフカディオ・ハーンと『BUSHIDO』

## 問題4：ノモンハンでの選択

問題：満蒙（満州とモンゴルの）国境付近の辺境ノモンハンで日ソ間に勃発したノモンハン事変（1939年（昭和14年））。夜半，極限的劣勢にある最前線の中隊を見回った大隊長は中隊長に，「俺の目を見ろ，わかるな！」と言い残し去っていった。その中隊長が翌朝とった行動は？

注：上記の問題は，野中郁次郎氏があるセミナーで用いていたものである。

ノモンハンでの選択

## 問題５：テロの時代の覚悟

問題：2001年，アメリカで起こった同時多発テロ9.11以降，飛行機に乗る際に必要な乗客の覚悟を言語化せよ。

テロ時代の覚悟

## 第2章

# 経営における言語化は
# 死活問題である

## 言語化しないことは今でも死に直結する

　安倍晋三首相がリードする憲法第九条の再解釈問題も，議論の進む方向によっては，徴兵制に結びつきかねないとの意見は多い。法律の文章は，常に解釈が入り込む余地がある。すべてが言語化されているわけではないのだ。現代にも，死に直結しかねない言語化問題は存在するということだ。

　会社なら，倒産に直結するような言語化問題は多々ある。言語化せずに曖昧なまま決定を先送りするなどは，よくあることだ。経営においての言語化は，経営を前に一歩進めることなのだ。それを回避していては経営ではないし，そのスピードが遅いなら競合に先を越される。言語化は企業における死活問題以外の何ものでもない。

　当然ながら個人にも言語化問題は存在する。卑近なところでは，今の会社に居続けていいのかどうか，結論を先送りして時期を逸する。結果，社畜になり，その会社の命運に自分の運命を委ねざるを得なくなる。だとすれば，これも個人レベルの死活問題である。

　「言語化」の問題は，日本の根源的な問題だというのが，私の認識である。

## ITは役に立たないか？

　NHKの人気番組「プロフェッショナル　仕事の流儀」はたいへん良い番組で，私もときどき見る。弊社スキルアカデミーが仕事人としてめざす方向こそプロフェッショナルであり，基本思想を一にしている。

　この番組で，かつてメインキャスターを務めた脳科学者の茂木健一郎。ローソンの社長だった新浪剛史（現サントリーホールディングス社長）がゲストとして呼ばれた。以下は，新浪の話を受けた茂木の言葉である。

　　――「組織のトップとして果たすべき役割は何か。それを情報論的に見たとき，トップが従業員にどう見えるかは，「どんな方法でどんな言葉を通して自分に語りかけてくるか」しかありません。新浪さんが「グレート・コミュニケーター」という言葉で，トップマネジメントを定義し直しているというのは新しい考え方だし，現実に即しています。

　　――こうした視点では，「ITは役に立たない」ことがはっきりした。例えば，社長から全社員向けの同報メールなんかだれも読まない。読んだとしても，それは心に残らない。たとえ5分でも生身の人がそこにいれば，たった一言でもすごく残りますよね。」

　**問題**：ITはコミュニケーションの役に立たないか，あなたの意見は？

ITは役に立たないか？

## 「あうんの呼吸」を乗り越えるために

ダイヤモンド社から出版されている『ザ・ゴール』という本がある。業務改善プロセスを小説仕立てに書いて大ヒットした本だ。この本の著者はエリヤフ・ゴールドラット博士，カリスマ経営コンサルタントだ。元物理学者で，サプライチェーンを科学的アプローチで見直し，制約理論（TOC, Theory Of Constraints）やスループット会計という新しい経営理論を確立したことで知られる。

ここで「第1部 言語化スキル（前半）」で出した宿題だ。

> **宿題**：日本には，「あうんの呼吸」に代表されるように，経営陣と現場との間で情緒や信頼感をベースにした一体感を大事にする文化がある。この文化は今後とも変えずにおくべきかどうか，あなたの見解は？

この質問に対し，ゴールドラットが的確な答えを用意してくれている。

ゴールドラットが来日時，雑誌「日経情報ストラテジー」の記者の質問に答えている。これが日本の情緒的コミュニケーションの弱点を鋭く突いている。

> **——日経情報ストラテジー記者**：「日本には『あうんの呼吸』に代表されるように，経営陣と現場との間で情緒や信頼感をベースにした一体感を大事にする文化がある。こうした文化を重視する組織において，営業部門と製造部門が論理的思考をベースに全体最適を検討するバイアブルビジョンの考え方を浸透させるのは難しくはないか。」

あうんの呼吸

言語化できないのは，本質を理解していないからだというのはたいへん厳しい指摘だが，これを乗り越えるのにITは大いに役立つ。今まで情緒的に伝えてきたことを，どうしても言語化せねばならないからだ。茂木の言う「ITは役に立たない」どころか，大いに役立つのだ。

## スキルアカデミーのスキル教育の特徴

弊社スキルアカデミーは多くの企業にスキル教育を提供しているが，研修の前提としてグループウエアの導入を必須としている。例えば，ブレーンストーミングもグループウエア上で行ったりする。

むろん，ブレーンストーミングに本当に良いアウトプットを求めるなら，どこかで必ず生身で集まる必要がある。しかし，その前に言語化スキルを身につけていなければならない。ITを用いるブレーンストーミングは，言語化スキルを身につけるのに大いに資するのだ。言語化スキルこそ，すべてのスキルの基本になるのだから。

58

## 第3章

# 仕事で意識して
# 言語化スキルを使う

## あなたにプレゼンテーションの機会が与えられた

　上司から，「この件に関して，次の定例会議までに考えをまとめ，プレゼンしてくれ」などと指示されることがあるだろう。全社的な業務改善プロジェクトのための組織ができ，あなたが選抜され，「今期末までに改善策をまとめ，経営会議に提案してくれ」などという機会もあるかもしれない。

　このような不定期で，深く考えることを求められる仕事が与えられたときの対処法を以下，述べる。日常の仕事の上に，このような仕事が加わる負担は大きい。こういう機会で，日常業務への影響を最小化し，プレゼンの内容を最大化できなければ，プロフェッショナルとはいえない。このような機会は，プロフェッショナルとして生きていくための試金石と考えていいだろう。

　間違っても，余計な仕事が降りかかってきたなどと思ってはならない。これは明らかに機会なのだ。これまであなたが上司たちに与えてきた印象が良いから，あなたが選ばれたのだ。悪かったら選ばれるわけがない。意気揚々とこの仕事を受けるべきだ。

　あなたは1人かもしれないし，グループの一員かもしれない。あなたがグループリーダーかもしれない。1人であってもグループであっても基本は同じだ。ただ，グループだと，以下に提示する1～6のどこかのSTEPにブレーンストーミングを加えるなど，違いは出てくる。以下は簡潔化のため，1人で指

示を受け，1人で対処すると想定する。

　最高の内容のプレゼン資料をつくり，プレゼンの席で大向こうを唸らせる，これが目標だ。最高の気分になれるはずだ。しかし期間も限られている。そのうえ，猛烈に忙しい最中だ。どのようなプロセスでこれに対処したらいいか。

## 言語化プロセスを確立せよ

　図表13を見ていただきたい。STEP 1で，あなたに課題が与えられた。最後のSTEP11がプレゼンテーションの当日だ。この間，時間は限られている。しかも，日常の業務はこれまでどおりこなさねばならない。重要なポイントは，いかに言語化を行うかである。STEPで，2と5と6だ。

**図表13　期限が限られた中での効率的な言語化プロセス**

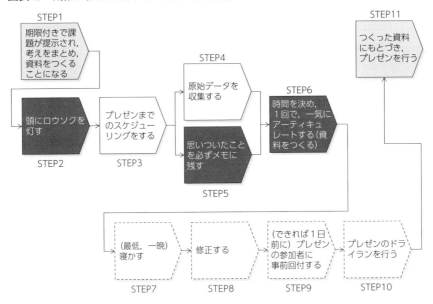

　<u>STEP 1</u>：**課題提示**：期限付きで課題が提示され，考えをまとめ，資料をつくることになる。

STEP 2：ロウソク点燈：「頭にロウソクを灯す」とは，与えられた課題を意識化する——常にそのことを考えている——ということ（図表14）。与えられた課題があなたの頭の中に常駐している。普段の仕事の最中も，行き帰りの通勤電車の中でも，本を読んでいるときも，そして寝ているときもだ。この意識化は，普段の仕事に悪影響を与えるようなことはない。

**図表14　常に意識するということ**

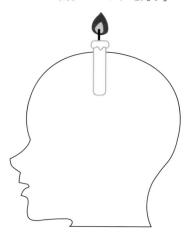

イメージ「頭にローソクを灯す」

STEP 3：スケジューリング：プレゼンまでのスケジュールを立てる（図表15）。スケジューリングにおける最大のポイントは，STEP 6のアーティキュレーション——言語化——をいつ行うかだ。早すぎては駄目だ。また言語化のあとにもある程度の時間的余裕が必要だ。

第3章　仕事で意識して言語化スキルを使う　61

**図表15　課題：スケジューリング**

| STEP | 内容 | 10/14 | 15 | 16 | 17 | 18 | 19 | 20 | 21 | 22 | 23 | 24 | 25 | 26 | 27 | 28 |
|---|---|---|---|---|---|---|---|---|---|---|---|---|---|---|---|---|
| 1 | 課題提示 | ● | | | | | | | | | | | | | | |
| 2 | ロウソク点燈 | | | | | | | | | | | | | | | |
| 3 | スケジューリング | | | | | | | | | | | | | | | |
| 4 | データ収集 | | | | | | | | | | | | | | | |
| 5 | メモ取り | | | | | | | | | | | | | | | |
| 6 | アーティキュレーション | | | | | | | | | | | | | | | |
| 7 | 寝かし | | | | | | | | | | | | | | | |
| 8 | 修正 | | | | | | | | | | | | | | | |
| 9 | 回付 | | | | | | | | | | | | | | ● | |
| 10 | プレゼンのドライラン | | | | | | | | | | | | | | | |
| 11 | プレゼンテーション | | | | | | | | | | | | | | | ● |

STEP 4：**データ収集**：原始データを収集する。意識化ができていれば，データは向こうから飛び込んでくるはずだ。疲れた帰りの電車の中でさえ，今まで見過ごしていたはずの中吊り広告の情報が飛び込んでくる。この状態を意識化という。

STEP 5：**メモ取り**：思いついたことを必ずメモに残す。これも極めて重要だ。記憶に頼らず，関係が若干でもありそうなら，メモすることだ。意識化のためには，専用のメモ帳がいいだろう。夜中に思いつくこともある。枕元にメモ帳を置いておくことは必須だ。起きて読んでみると，意味がわからないことがあるにはあるが。

**図表13　期限が限られた中での効率的な言語化プロセス（再掲）**

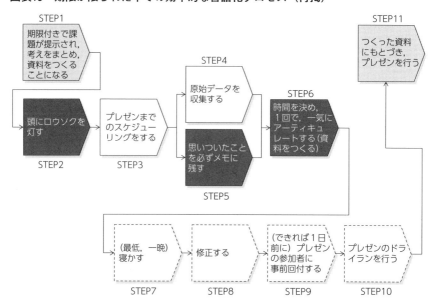

- <u>STEP 6</u>：アーティキュレーション：時間を決め，1回で，一気にアーティキュレートする――プレゼン資料をつくる。しかし，言語化スキルに習熟するまでは1回では完成できない。少なくとも2回はスケジュールに入れる必要がある。グループの場合も1回では無理だ。ブレーンストーミングの時間を1回は設ける必要がある。ブレーンストーミングに関しては，目的スキル編の第8部で扱う。
- <u>STEP 7</u>：寝かし：プレゼン資料ができたら，最低，一晩は寝かすべきだ。1940年に書かれ，今なお重版されている『アイデアのつくり方』（阪急コミュニケーションズ刊）で，著者のジェームズ・ヤングは「問題を無意識の心に移し諸君が眠っている間にそれが勝手に働くのにまかせておく」と言っている。脳科学の近年の進歩で，この効果は学問的に実証されている。
- <u>STEP 8</u>：修正：修正する。
- <u>STEP 9</u>：回付：できれば1日前に，プレゼン資料を参加者に事前回付する。

プレゼンテーションの生産性は格段に高まる。

STEP10：**プレゼンのドライラン**：プレゼンテーションのドライランを行う。ドライランとは練習のことだ。プレゼンテーションスキルに習熟するまでは，絶対に必要なステップだ。

STEP11：**プレゼンテーション**：つくった資料にもとづき，プレゼンテーションを行う。つくった資料に自信があるなら，何も心配はいらない。必ずやいいプレゼンテーションになる。

## ビジネススキルを総合的に使う必要がある

このプロセスに慣れてきたら，スケジュールなど立てる必要はなくなる。決めるのはSTEP 6 のいつアーティキュレーションをするかだけでいい。その時間さえブロックしておけば，あとはフレキシブルでいい。言語化プロセスの精神を理解していれば，それで十分ということだ。

言語化プロセスを完璧にこなすには，言語化スキル以外にも，いくつかのスキルが必要になる。特に，ブレーンストーミングスキル，論理的思考力，プレゼンテーションスキルの3つのスキルは必須だ。学ぶ必要があると思うなら順次，この講座で習得してもらいたい。

# 第4章

## あなたの言語化スキルを伸ばす

### 目標は達成されたか？

　以上で本編は終了だ。「第1部　言語化スキル（前半）」の冒頭で，到達目標を以下のとおり，3つ設定した。

　　課題：以下の3つの到達目標を達成したか。達成したなら✔（チェック）
　　を。

---

□言語化スキルはすべてのスキルの基本であり，最も奥が深く，本当に力をつけるには相当の訓練が必要であるという認識をもつ
□この部では，「言語化」の意味するところ，また大切であるということがわかれば十分だ
□今後，日常のビジネスの中で「言語化」に努めることが，このスキルを伸ばす一番の方法である。「頭に『言語化スキル』のロウソクを灯す」というイメージをもつのがよい

---

　どうだろう。3つともチェックがついただろうか。ここまで到達できれば，とりあえず十分だ。このあと，このスキルを伸ばすかどうかは，あなたの努力次第。どうすればいいかは以下に書いてある。

## あなたの言語化スキルのレベルは？

どのスキルにも適用可能なスキルのレベルを設定した。図表16がそれだ。レベル2までがアマチュア，レベル3以上がプロフェッショナルだ。

**図表16　スキルのレベル**

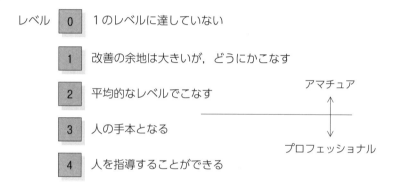

レベルの記述は1刻みだが，あなたのレベルがその中間と思うなら，0.5刻みでレベルを考えてよい。

　**課題**：「Myキャリア」で，あなたの「今」の言語化スキルのレベルを0.5刻みで特定し，「Myキャリア」に書き出そう（図表17の一番左の矢印）。

図表17 スキルを伸ばす

Myキャリア －ビジネススキル－

目標設定日時：2017年03月25日

| スキル | レベル 今 | レベル 1年後 | 施策 どこで | 施策 何を | 期限 |
|---|---|---|---|---|---|
| 言語化スキル | 2 ▼ | 3 ▼ | 11/30の営業会議で | 発言者の意見を引き取り，短い文章に言い換える | 2017/04/15 |
| リーディングスキル | 1 ▼ | 2 ▼ | 自宅で | 経営関係の新書を2冊買い，この週末に2冊とも，10分読みにトライする | 2017/04/02 |
| リスニングスキル | ▼ | ▼ | | | 年 / 月 / 日 |
| コミュニケーションスキル | ▼ | ▼ | | | 年 / 月 / 日 |
| ミーティングマネジメント | ▼ | ▼ | | | 年 / 月 / 日 |
| グラフィック表現力 | ▼ | ▼ | | | 年 / 月 / 日 |

Myキャリア

課題：あなたは「1年後」，どのレベルに達していたいか，目標とするスキルレベルを特定し，「Myキャリア」に書きだそう（図表17の左から二番目の矢印）。

Myキャリア

## 言語化スキルを伸ばす「施策」は？

今のレベルから1年後の目標レベルに達するために，あなたは何か努力をしなければならない。この何かを「施策」と呼ぼう。言語化スキルを伸ばすため

の施策にはどのようなものがあるか，考えていこう。

　一般に，どのスキルを伸ばすにしても，まずはそのスキルがどのようなものなのかを正確に理解する必要がある。本シリーズでは，1つのスキルに費やす紙面を最低限に抑えている。だから本書で不足する部分を，出版されている本で補うことは推奨される施策の1つだ。しかし，残念ながら，言語化スキルに関する本はない。

　以下に，施策を5つ列挙する。上のほうにリストアップされているものほど基礎的な施策で，下のほうほど上級の施策だ。括弧内は，その施策の解説だ。むろん，これら以外にもいろいろな施策がある。あくまで例示と思ってほしい。

・頭に「言語化スキル」のロウソクを灯す（常に言語化スキルを意識し，あらゆる言語化の機会で使ってみて，的確に言語化できたかを自問自答する）
・次の会議で，参加者の発言を注意深く聞き，発言者の言語化スキルのレベルを特定する（これはレベル0とか1の初級段階の人の訓練になる）
・ロールモデル（自分がめざすべき目標となる人）を特定し，観察する（あなたの言語化スキルのモデルを「××さん」と具体的に特定し，その人の言語化を観察する。これだけでスキルはある程度伸びる。ただし，良いロールモデルがいなければ，諦めるしかない施策だ）
・次の会議で，自身の発言をわかりやすく，短く表現する（会議後，参加者にわかりやすかったか聞いてみる必要がある。できているならレベル2だ）
・次の会議で，他者の長くてわかりにくい発言を要約し，「要するに……ということですね」と発言する（これを常に的確にできるようになれば，あなたはレベル3，プロフェッショナルだ）

## たくさんの施策候補からどれを選ぶか？

　施策は具体的で，実際の仕事の中で使うものが望ましい。ともかく，スキル

の学習は，結果として実務の中で使わないなら意味がない。逆に，仕事の中で使えば，間違いなく上達する。

今の自分のスキルレベルにマッチした施策がよい。あまり背伸びしてハードルの高い施策を選ぶのは避けたほうがよい。まず，今の自分にできそうで，効果の高そうな施策を選ぼう。

　　問題：図表18のような5つの施策があるとする。どのような順序で取り組むべきか？

**図表18　「施策」の種類と優先順位**

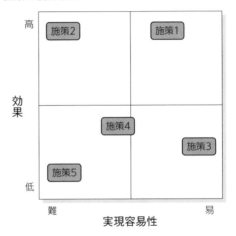

「施策」の優先順位

ジャック・ウェルチはこのような考え方を「小さな勝利アプローチ」と呼んでいる。まず達成できそうな施策を選ぶ。たぶん達成できるだろう。いい気分になるはずだ。次にもう少しハードルを上げる。こうして漸次，スキルレベル

第4章　あなたの言語化スキルを伸ばす　69

を上げていくのだ。

　ちなみに図表18をペイオフマトリックスと呼ぶ。論理的に考える際，非常に有効なフレームワーク（考える枠組み）だ。

　施策は一度に１つだけ。それを終えたら，次のレベルの施策に取り組む。一度に２つ以上の施策を設定すべきではない。

## あなたがまず取り組む施策を決めよう！

　ジャック・ウェルチの「小さな勝利アプローチ」で，あなたが最初に取り組むべき施策を決めよう。先に列挙した５つの施策の例示から，二番目に書かれていた「次の会議で，参加者の発言を注意深く聞き，発言者の言語化スキルのレベルを特定する」を選んだとしよう。これをMyキャリアに書き込むのだ（図表17の右から二番目の矢印）。

**図表17　スキルを伸ばす**

Myキャリア　−ビジネススキル−

目標設定日時：2017年03月25日

| スキル | レベル | | 施策 | | 期限 |
| | 今 | 1年後 | どこで | 何を | |
|---|---|---|---|---|---|
| 言語化スキル | 2 ▼ | 3 ▼ | 11/30の営業会議で | 発言者の意見を引き取り，短い文章に言い換える | 2017/04/15 |
| リーディングスキル | 1 ▼ | 2 ▼ | 自宅で | 経営関係の新書を2冊買い，この週末に2冊とも，10分読みにトライする | 2017/04/02 |
| リスニングスキル | ▼ | ▼ | | | 年 / 月 / 日 |
| コミュニケーションスキル | ▼ | ▼ | | | 年 / 月 / 日 |
| ミーティングマネジメント | ▼ | ▼ | | | 年 / 月 / 日 |
| グラフィック表現力 | ▼ | ▼ | | | 年 / 月 / 日 |

　繰り返すが，施策は極めて具体的でなければならない。でないと，実行しなくなる。図表17の例を見てみよう。施策は「何を」欄に書いてある。ポイントは「どこで」使うのかというところだ。書いた施策を実際に使う場を想定するのだ。しかも，図の例にある「次の会議」は日程が決まっているはずだ。「いつ」には会議の日付を書く。これならおそらく実行するだろう。スキルを上達

させるための小さな勝利アプローチの第一歩を歩み出せたことになる。

　**課題**：あなたがまず取り組む「施策」を決め，「期限」とともに「Myキャリア」に書き出そう（図表17の右２つの矢印）。

Myキャリア

## 理解度チェックテスト

　当講座では各部の最後尾に，定着を促すため，非常に簡単な理解度チェックテストを用意している。以下の記述のうち，正しいものを選べ。10問中７問以上の正解で，この部の読了と見なすこととする。

○戦略とは資源の再配分のことだ
○「言語化」は，組織にとっても個人にとっても，死活問題にかかわる場合がある
○ゴールドラットは「あうんの呼吸」にも必ずロジックが存在するという
○ITは言語化スキルを磨くのに役立たない
○プレゼンテーションは，プロフェッショナルになるためにまたとない機会だ。しかし，忙しいなら断るべきだ
○「言語化」は英語で「アーティキュレーション（articulation）」だ
○まとめたプレゼン資料は，最低一晩は寝かせるべきだ。眠っている間に考えが整理される
○ペイオフマトリックスは，論理的に考える際、非常に有効なフレームワークだ

○スキルを身につけるには,ともかくやってみることだ
○スキルを身につけるために,「大きな失敗アプローチ」を使え

理解度チェックテスト

## おわりに

　次の部は「リーディングスキル」だ（図表19）。"leading"ではなく，"reading"，すなわち読むスキルである。本シリーズでは16のスキルを一気に学ぶわけだが，仕事をするうえでのインプットに用いるスキルは，リーディングスキ

**図表19　16の重要スキルとスキルの全体像**

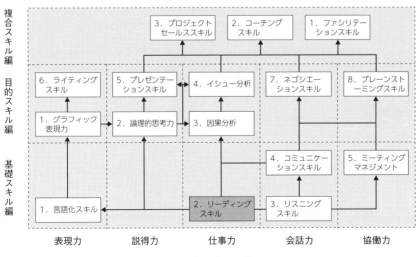

ルとリスニングスキルの2つだけだ。どちらも基礎スキル編に含まれる。2つのうちの1つなのだから，絶対はずせない。

あなたには，読むべき本がたくさんあるはずだ。それらの本をすべて読んでいるだろうか，それとも「積ん読（つんどく）」になってやしまいか。読むべきと思ったなら，読むべきだ。買ったならなおさらだ。しかし，時間がない。だれもが抱える問題だ。

宿題：「第2部　リーディングスキル」を読む方への宿題だ。第2部を読む前に，あなたの専門領域，もしくはその近傍の新書（新書判173×105mm）を2冊買う。ぜひ，興味が湧くような内容の新書を選んでほしい。そのうちの1冊を読む（もう1冊は，第2部の中で読むことになる）。なるべく速く読むよう，心がけてもらいたい。読むのに要した時間は，どの程度だったか？
1．10分
2．1時間
3．2時間
4．4時間
5．8時間以上

読むのに要した時間

時間がない中で「積ん読（つんどく）」の意味を考えてみるのが次の部のテーマだ。リーディングスキルは「積ん読」しているあなたには必須のスキルだ。むろん，リーディングスキルは身についているという方は読み飛ばしてもらえばよい。

「第2部　リーディングスキル」でお会いしよう。

## 第2部

# リーディングスキル
## ——1冊10分で読む方法を身につける

　　あなたには読むべき本がたくさんあるはずだ。ないようなら，プロフェッショナル失格だ。しかし，あなたはたいへん忙しい。「積ん読（つんどく）」になっているのではないか。読むべきなのに，読まずに積まれたままになっている本たち。この部の目標は，「積ん読」状態を完璧に回避することだ。

　　忙しく，時間がないから「積ん読」になる。これを回避するには，限られた時間の中で速く読むしかない。バカバカしいほど単純な結論。これ以外にない。

　　あなたがもし，電車で片道30分かけて通勤しているとしよう。20分でもいい。その間に1冊読むのが目標と考えればよい。だから，行き帰りで2冊読むことになる。これができれば，「積ん読」を完璧に回避できる。通勤時間がもっと長い人なら，何冊も読めることになる。

　　実は，これを「10分読み」と呼んでいる。10分で読みたいのだ。あなたは，この部の演習で「10分読み」にトライすることになる。私はそれほど無理なことを言っているとは思っていない。ぜひトライして，自分のリーディングスタイルを確立してもらいたい。

## 第1章

# 「リーディングスキル」とは？

## リーディングスキルの位置づけ

　本書のビジネススキルの2番目は，リーディングスキルだ。図表1が当講座で扱う16の重要スキルの全体像だが，基礎スキル編の1つと位置づけている。16の重要スキルのうち，このリーディングスキルと，次の部で扱うリスニング

**図表1　16の重要スキルとスキルの全体像**

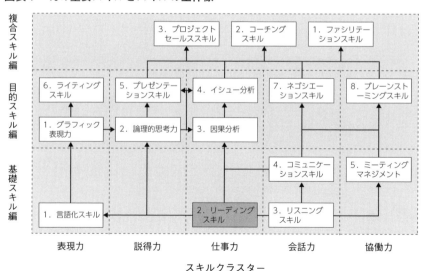

スキルの2つは，ビジネス上で成果を上げるうえでのインプット用スキルである。残りの14は，スループット——インプットをアウトプットに変換・処理すること——用のスキルか，アウトプット用のスキルだ。

リーディングスキルは，仕事上の情報を得るために必須なスキルであり，また基礎的なスキルである。仕事力クラスターの中に置いてある。

人は五感で環境からインプットを得ている。視覚，聴覚，味覚，触覚，嗅覚の5つだ。生理学的にはもっと細かい定義があり，20以上の感覚が特定されている。ただ，ビジネスでインプットに使う感覚は，ほとんど視覚と聴覚だ。それぞれリーディングスキルとリスニングスキルに用いられる。

視覚によって文字を読み，インプットを得るのがリーディングスキルだ。しかし，ビジネスでは視覚により，二次元的・三次元的視覚情報を得ることもある。これも視覚によるインプットである。これについては「補章2 「見る」と「観る」」で付言する。

この他，インプットのためには，触覚や嗅覚その他も使う。これらも「補章2 「見る」と「観る」」での議論を援用いただければ十分だろう。結果として，この部は，そのほとんどが読むこと——リーディングスキル——に捧げられる。やはり，読むスキルこそ，ビジネスにとってクリティカルに重要なスキルだからだ。

## リーディングスキルの定義

図表2が16の重要スキルの定義だ。リーディングスキルの定義は，「読む対象を選択し，適切な速さで読み，必要な知識を獲得する」である。

76

**図表2　16の重要スキルの定義**

| クラスター | 編 | スキル | 定義 |
|---|---|---|---|
| 表現力 | 基礎 | 1．言語化スキル | 曖昧な知識を過不足なく，皆が同じイメージを持てるよう表現する |
| | 目的 | 1．グラフィック表現力 | 説得力を増すため，大量のデータや複雑・曖昧な概念を図にする |
| | 目的 | 6．ライティングスキル | 過不足なく，わかりやすく著す |
| 説得力 | 目的 | 2．論理的思考力 | ある一定の結論に至る論を，飛躍なく説得力をもって進める |
| | 目的 | 5．プレゼンテーションスキル | 自分の考えを過不足なく相手に伝える |
| 仕事力 | 基礎 | 2．リーディングスキル | 読む対象を選択し，適切な速さで読み，必要な知識を獲得する |
| | 目的 | 3．因果分析 | 因果関係を論理の飛躍なく示し，原因・解決策を明らかにする |
| | 目的 | 4．イシュー分析 | 錯綜する課題の真の問題点，重要度，相互の関係を明らかにする |
| 会話力 | 基礎 | 3．リスニングスキル | 相手の話を聴き，必要な情報を獲得する |
| | 基礎 | 4．コミュニケーションスキル | 会話により，相手との相互理解を深める |
| | 目的 | 7．ネゴシエーションスキル | いやがる相手を自分の有利な結論に導く |
| 協働力 | 基礎 | 5．ミーティングマネジメント | ミーティングを効果的，効率的に運営する |
| | 目的 | 8．ブレーンストーミングスキル | 集団でアイデアを出し合い，新しい発想を誘発し合う |
| （複合） | 複合 | 1．ファシリテーションスキル | 異種の知識を結合し，新しい知識を創造する |
| | 複合 | 2．コーチングスキル | 巧みな質問とアドバイスで，他者の能力や可能性を引き出す |
| | 複合 | 3．プロジェクトセールススキル | 知的サービスプロジェクトを巧みに売り込む |

　読むべきだと思う情報は限りなく多い。特に，インターネットの時代になり，情報量は毎年，指数級数的に増加している。適切に読む対象を選択できなければ，情報の洪水に流されてしまう。

　適切に読む対象を選択したとして，なお量がすごい。適切なスピードで読む必要がある。ただただスピードリーディングで，頭に残らないのでは意味がない。必要な情報は着実に獲得する方法論が必要だ。この部のメインテーマがこれだ。

## この部の到達目標を３つ設定する

　この部の到達目標を３つ設定する。難しい目標ではない。しかし，ここまで到達できれば，十分だ。

---

□ビジネスにとって，ビジネス書を読むこと，しかも速く読むことの重要性を認識している

□ビジネス書なら10分（象徴的）で読める

□今後「積ん読（つんどく）」は絶対にしない

---

　この部の最後でもう一度，この３つの目標に戻ってくる。あなたはそこで，これら３つの目標に到達できたかを問われることになる。

## 第2章

# プロフェッショナルなら
# 速く読まねばならない

## ビジネスエグゼクティブは速く読まねばならない

　組織の長には情報が集まる。組織の規模が大きくなればなるほど，その量は多くなる。世界一社会的責任の大きな組織，アメリカ合衆国の大統領は，速く読むことで有名だ。

　例えば，ルーズベルト大統領は，朝食の前に毎日1冊の本を読んだと記録されている。ケネディ大統領の速読も有名だ。普通の人より4〜6倍の読書スピードだったという。カーター大統領は速読術を習得し，2回の訓練で以前の4倍で読書をこなすようになったと自伝に書いている。

　グローバル企業のトップにも速く読む能力が求められる。したがって，“Broad Scanning”というコンピテンシーが必要だという。「広く速くスキャンして概要を把握する能力」のことだ。世界中から集まる情報をすべて読んでいる時間はない。すべての情報にザーッと目を通し，全容を把握する。そのうえで，慎重に読むべき重要情報をピックアップし，それには時間をかける。

## プロフェッショナルに必要なリーディングスキル

　本書では，読者であるあなたが，プロフェッショナルをめざしていると想定している。ここでいうプロフェッショナルとは，アマチュアの反対語で，ある

領域の専門家という意味で使う。自立し，どこでも——今勤めている会社以外でも——通用する知識やスキル，コンピテンシーを備えている人たちだ。

逆に，アマチュアは，会社の意向に唯々諾々と従い，その代償として安定した地位を得ている（と，勘違いしている）人たちである。その地位は，実は不安定極まりない。すぐに代替がきくからだ。

あなたはプロフェッショナルである，もしくはプロフェッショナルをめざしている。であるなら，リーディングスキルは情報のインプットスキルとして，必須のスキルだ。大統領やグローバル企業のトップのように，である。当然ながら，リーディングスキルのスキルレベルは，3以上でなければならない。

あなたは，プロフェッショナルとしての自分の専門領域をもっている。その領域では，新しい情報が常に生み出され続けている。その領域でプロフェッショナルであり続けるためには，最先端の情報を常に収集し，咀嚼し続ける必要がある。自ずとインプットのスピードが要求される。

# 第3章

# ビジネスリーディングは磨くことができる

**あなたの読むべき本はどの程度あり，どの程度読んでいるか？**

　課題：あなたには，読むべきビジネス関連の本が，
　　1．たいへん多い
　　2．多い
　　3．そこそこ
　　4．少ない
　　5．ほとんどない
　　6．ない

読むべきビジネス関連の本

　あなたの専門領域は常に進化しているはずだ。その専門領域では，常に新しい知識が生まれ，言語化され，本や雑誌，もしくはインターネット上に開示される。その量が「そこそこ」とか「少ない」などということはあり得ないことだ。

企業はグローバルに激しい競争を繰り広げている。その中で生き残るためには，まず知識の獲得競争で生き残らねばならない。プロフェッショナルとして組織をリードするなら，最先端の知識に人より早く追随する必要がある。

　ときどき，「私はその類の本は一切読まない。日経新聞も読まない。私は独自に考える」という人がいる。こういう人は，かなり限られた競争環境にいて，それで済んでいるのかもしれない。もしくは，とんだ勘違いをしているかだ。世界で生まれた最先端の知識をなぞることなく，独自にすべて考え出すなどあり得ないことだ。独尊的珍発想としかいいようがない。

　　課題：あなたは読むべきビジネス関連の本を，読まずに放置することが，
　　　１．まったくない
　　　２．ほとんどない
　　　３．ときどきある
　　　４．よくある
　　　５．ほとんど放置
　　　６．すべて放置

読まずに放置しているか？

## 宿題の結果は？

前の部「第1部　言語化スキル（後半）」の最後に，リーディングスキルに向けた宿題を出した。再掲する。

> 宿題：「第2部　リーディングスキル」を読む方への宿題だ。第2部を読む前に，あなたの専門領域，もしくはその近傍の新書（新書判173×105mm）を2冊買う。ぜひ，興味が湧くような内容の新書を選んでほしい。そのうちの1冊を読む（もう1冊は，第2部で読むことになる）。読むのに要した時間は，どの程度だったか？
> 1．10分
> 2．1時間
> 3．2時間
> 4．4時間
> 5．8時間以上

読むのに要した時間

10分より多くかかった方（ほとんどの人がそうだろう），どのように速く読むか，以下，一緒に考えていこう。

時間がないから「積ん読」になる。「積ん読」を回避するには，速く読むしかない。スピードリーディングだ。目標は10分1冊と考えよう。電車通勤の行き帰りで，2冊読み切るスピードだ。これができれば「積ん読」は完璧に回避できる。

## われわれはビジネスリーディングのスキルを磨きたい

　ここで誤解を招かぬようにしておきたい。われわれが学校で習う読書の対象は，ほとんど文学である。ちゃんと読み，深く理解することを求められる。われわれがこの部で求めているリーディングスキルは，ビジネスに関連する本を読むスキルだ。すなわち，ビジネスリーディングスキルだ。わかっていることが書いてあるなら，バンバン読み飛ばせばよい。

　哲学書や研究論文，小説や詩をバンバン読み飛ばして読んでも意味はない。われわれが習ってきた読書は，こういう読書だ。こういう読書の態度は，ビジネスリーディングスキルにおいては忘れたほうがよい。われわれは学校で，ビジネスリーディングスキル固有の方法を，今まで教えてもらわなかったのだ。

　この辺の背景に興味のある方は，「補章1　ナイトリーディングとデイリーディング」を，時間があるときにでも読んでいただくのがいいだろう。

## スピードリーディングにマジックはない

　ビジネスリーディングスキルには，どのような本があなたの役に立つだろうか。ポール・シーリィの『あなたもいままでの10倍速く本が読める』（フォレスト出版，2009年）は，いわゆる速読術で，どこか宗教がかっているというか，私には向かない本だ。カーターが勉強したという速読術はこの手の本である。シーリィ以外にも速読術の本は多い。気に入る人もいるはずだ。

　私には立花隆がいい。『ぼくが読んだ面白い本・ダメな本　そしてぼくの大量読書術・驚異の速読術』（文藝春秋，2001年）がそれだ。しかし，この本にはタイトルに掲げられているような速読術のようなことは書かれていない。それよりも，読むのにマジックなどないといっているのだ。ただ，立花が膨大な量の書物を，たいへんなスピードで読むのは間違いない。

　司馬遼太郎も同様だ。例えば，坂本龍馬に関する本を書く段になると，神田神保町の古本屋街から，それに関する古書がすべてなくなったという。膨大な

量の書を，たいへんなスピードで読むのだ。

## 知れば知るほど読むスピードは上がる

　司馬にしろ立花にしろ，なぜそれだけの量を読みこなせるのだろうか。最大の理由は，書くことの周辺知識をすでに膨大にもっているからだ。どの辺の情報が抜けているかもあらかた見当がついている。だから，必要な新しい情報は，向こうからこちらの目に飛び込んできてくれるのだ。

　図表3を見ていただきたい。私たちが対象としているのはビジネス分野だ。今，読もうとしている本の周辺の知識をもっていればもっているほど，速読ができるようになる。

**図表3　ビジネス書なら速く読める**

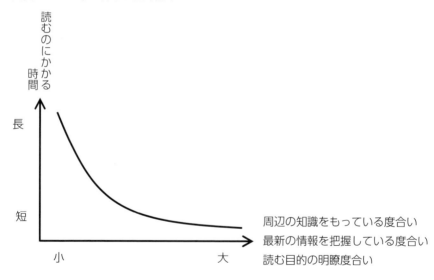

第4章

# 10分で1冊の本を読む

## 本を汚くして読む

　私は，本を汚くする（図表4）。重要なページは端を折る。英語で"dog-ear"という。付箋があれば，貼る。重要な部分には線を引く。そばにある筆記用具を使う。マーカーのこともあれば，鉛筆のこともあれば，ボールペンのこともある。あるものを使う。

**図表4　ビジネス書は汚す，戻る場所がわかるように**

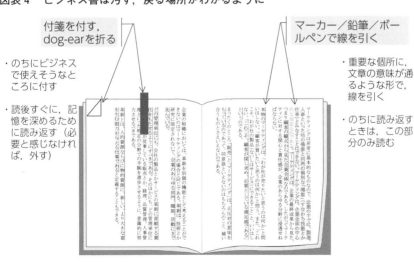

お陰で，読み終わった本をブックオフに持ち込むわけにはいかない。値が付かないのだ。しかし，綺麗に読んで，例えば50円手に入れても知れたものだろう。ブックオフは諦めるのがよい。

なぜそれほど汚すかというと，あとで必要になったときに，短時間で必要個所に戻ってこられるようにするためだ。何かの必要で，「あっ，あの本に関連することが書いてあったはずだな」と思い出せれば十分だ。汚くしておいたところを見返せば，必要個所にたどりつける。長くても，5分とかからない。

また，マーカーやボールペンで線を引く際，重要なところを二度読み三度読みすることになり，記憶への定着が促される。記憶力の弱い私にはうってつけだ。引く線の長さは最短にすべきだ。長すぎて，線ばかりになってはダメだ。

本が汚れなかったとすれば，その本の知的価値がなかったということだ。この本はブックオフに売れる——などと喜んでいてはならない。無駄な本を選んだということだ。本から得る知識の生産性を大きく下げることになる。読む生産性を上げるには，まず価値のある本を選択することだ。

## 基本の基本：本の選択を誤るな！

本の選択眼をもつこと，これがビジネスリーディングの基本中の基本と心得てほしい。誤らないためには，何より，あなたのプロフェッショナルの領域を深掘りしておくことだ。そうすれば，誤る確率を低くできる。

この著者はいいということがあらかじめわかっているなら，誤ることはない。その著者のことをよく知り，その研究や主張の方向がわかってくると，次にどのような本が出てくるかもある程度予想がつくようになる。こうなってくればしめたものだ。

著者のことがわからない場合は，世間で広く読まれている本を選ぶのが基本だ。間違える可能性を低くできる。ただ，出版社は売るために存在している。とんでもない本が，とんでもないほど売れることもよくある。ここでは書き出さないが，本当にたくさんある。だからといって，詐欺と言っても始まらない。騙された自分を恥じ，以降，騙されぬように注意しよう。

ビジネス本を真剣に売ろうとする出版社は，日本経済新聞に広告を出す傾向がある。上記の詐欺のような本は，おおむね一般紙に広告を出す（日経に出す場合ももちろんある）。だから，日経の広告欄を見ることは必須だ。また，土曜の読書欄も必読だ。

## 読み方を3つに分けよう！

図表5を見ていただきたい。ビジネス書の読み方を3つに分けるのだ。いわく，「10分読み」，「60分読み」そして「全部読み」だ。

**図表5　3つの読み方**

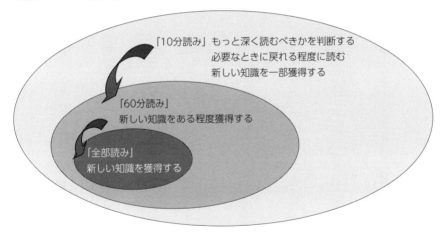

読まねばならぬと思った本は，すべて「10分読み」する。良書か悪書かを判断し，もっと深く読むべきかどうかの判断をする。のちに必要を感じたとき，この本に戻ってこられる程度に読めれば十分だ。これで「積ん読」は解消だ。

10分というのは，あくまで象徴的なものだ。15分だって，20分だって，30分だっていい。とにかく，のちに必要を感じたとき，この本に戻ってこられるならよいということだ。電車通勤で片道30分だとしよう。行き帰りで2冊から3，4冊の本は，やっつけられる。こんなスピードだ。

「10分読み」で，もう少ししっかり読むべきと思ったら「60分読み」だ。本を汚くし，線を引き，付箋を貼るのは「60分読み」でだ。週末にでも時間を用意したほうがよい。紅茶でも用意し，「これから1時間，この本を集中して読む」という心の準備をして取りかかる。新しい知識を獲得するのが目的だ。たぶん，あなたは周辺の知識をある程度もっているだろう。必要な個所をピックアップしながら読む。まあ，60分でどうにかなるだろう。

この本はキチンと全部読むべきだと思えば「全部読み」だ。

私は，プロフェッショナルとしての仕事が長く，ほとんどは「10分読み」だ。それでも必要があれば，必ずその本に戻ることができる。

## 10分で読んでみよう！

10分読みに違和感を覚える方もおられるだろう。本屋の立ち読みだと思ってもらえばよい。立ち読みを10分すれば，その本に何が書いてあるか，おおかたわかるだろう。それと同じことだ。それが「10分読み」だ。必要なときに，簡単にその本に戻ってこられる。高い知的生産性を実現できる。

宿題で新書を2冊買ってもらったはずだ。1冊はすでに読んでいる。もう1冊の読んでいない本を10分で読んでみよう。まず，若干のインストラクションを。図表6を見ていただきたい。ステップは0から4までの5ステップだ。

ステップ0：「これから10分で全部読むぞ」と気を集中する（0分）
ステップ1：表紙，裏表紙，帯，著者略歴，出版年，刷り数，目次をしっかり読む（1分）
　　　　　その本の全体像をつかむのが目的だ。これらを読めば，全体像がわかるようにビジネス書はつくられている。刷り数は重要な情報だ。これだけ多くの本が出版される中で，第2刷になっていれば，その本はビジネス書として成功といえる。ステップ1は，1分で十分なはずだ。
ステップ2：「まえがき」と「あとがき」を速読する（1分）
　　　　　著者はだいたい，「はじめに」を本文を書き終えた最後に書く。ビジネ

図表6 「10分読み」の方法

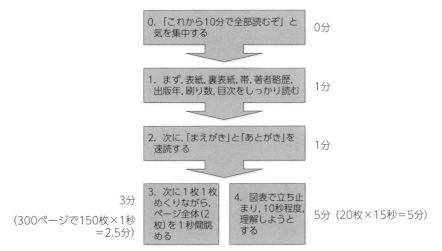

ス書なら、「はじめに」で本の章構成を概観してくれることが多い。ここははずせない。1分で。

ステップ3：1枚1枚めくりながら、ページ全体（2枚）を1秒間眺める（3分）

いよいよ本文だ。1枚を1秒でめくっていく。正に斜め読みだ。1秒にとらわれず、タイミングよくページ全体を見ながらめくっていく。必要と感じたら、しばし止まって読んでいい。3～5分で。

ステップ4：図表で立ち止まり、10秒程度、理解しようとする（5分）

ビジネス書は、非常に大切な部分に図表を配置してあることが多い。ステップ3と同時進行で、重要と思える図は、かなりしっかり見るようにする。20枚あったとして、1枚に15秒かけられる。これも3～5分で。

課題：手元に秒針の付いた時計かストップウォッチを用意し，「10分読み」にチャレンジしよう。例えば，15分，20分かかってもよい。あなたが読むのにかけた時間は何分だったか？

「10分読み」にチャレンジ

## 「10分読み」の評価

　さあ，どうだったろう。10分は短かったか，それとも結構時間があったと感じたか。そして何より目標である，あとで必要を感じたときにこの本に戻ってこられる程度の理解ができたかどうかだ。

　　質問１：内容はつかめたか？
　　　　　□　十分
　　　　　□　まあまあ
　　　　　□　不十分
　　　　　□　全然だめ
　　質問２：新しく得られた知識はあったか？
　　　　　□　あった
　　　　　□　なかった
　　　　　□　わからなかった
　　質問３：この本はあなたにとって重要か？
　　　　　□　もう読む必要はない
　　　　　□　「60分読み」をするべき
　　　　　□　「全部読み」をするべき

□ わからない

質問4：あとでこの本の内容が必要になったとき，
　　　□ 絶対に戻ってこられる
　　　□ たぶん戻ってこられる
　　　□ たぶん戻ってこられないだろう
　　　□ 絶対に戻ってこられない

「10分読み」の評価

　質問4が特に大切だ。「たぶん戻ってこられないだろう」以下は失格だ。どうしたらいいか。まずはその周辺知識を貯めこむ必要があるだろう。初めて読むような分野の本なら，「10分読み」の意味はない。例えば，ビジネス経験も浅く，戦略の勉強をまったくしてこなかったのに，10分で戦略の本を読むのは無茶だ。こういう場合は「全部読み」しかない。

　ある種の本は，そもそもたいへん難しく書かれている。ビジネス書でも学術書に近いものを10分で読むのも無理だ。ここでの演習では，新書を読んでもらった。新書はテーマが絞られており，長さも限られている。

　訓練することで10分読みはできるようになる。10冊もトライすれば，リーディングスキルはかなりのレベルで習得できる。繰り返すが，10分読みはあくまでシンボル的な意味だ。電車通勤の片道が30分あり，その間に1冊読めるなら，これは立派な10分読みだ。

## 無理なことを言っているわけではない

　あなたがある領域のプロフェッショナルなら，その分野の本である限り，「10分読み」は何の問題もないはずだ。例えば，生産管理のプロだとしよう。毎日とはいわないが，毎週のように新しい本が出版されている。それらの本は，10分でおおむね把握できるはずだ。

　最近，トヨタ生産システムを凌駕するかもしれない生産技術が生まれた。フォルクスワーゲンの「MQB」，ドイツ語で「Modulen Quer Baukasten」，英語で「モジュール・トランスバース・マトリクス」というものだ。生産管理のプロといっても，これは新しい知識である。英語の学術文献ならたくさんある。しかし，本格的な日本語の本はまだほとんど出ていない。決定打といえるような本が日本語で出版されたら，生産管理のプロでもキチンと読まねばならない。「全部読み」だ。

　もちろんトヨタも黙っているわけにはいかない。早速「TNGA（Toyota New Global Architecture）」なるもので対抗する。時代は止まってはいない。あなたも時代の流れに追随する努力が必要だ。

第5章

# あなたのリーディングスキルを
# 伸ばす

## 目標は達成されたか？

　以上で本編は終了だ。この部の冒頭で，この部の到達目標を以下のとおり，3つ設定した。

　　**課題**：以下の3つの到達目標を達成したか。達成したなら✔（チェック）を。

---

□ビジネスにとって，ビジネス書を読むこと，しかも速く読むことの重要性を認識している
□ビジネス書なら10分（象徴的）で読める
□今後「積ん読（つんどく）」は絶対にしない

---

## あなたのリーディングスキルのレベルは？

　スキルのレベルを言語化したのが図表7だ。レベルの記述は1刻みだが，あなたのレベルがその中間と思うなら，0.5刻みでレベルを表現する。

### 図表7　スキルのレベル

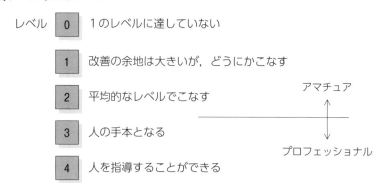

課題：あなたの「今」のリーディングスキルのレベルを0.5刻みで特定し，「Myキャリア」に書き出そう（図表8の一番左の矢印）。

### 図表8　スキルを伸ばす

Myキャリア　－ビジネススキル－

目標設定日時：2017年03月25日

| スキル | レベル 今 | レベル 1年後 | 施策 どこで | 施策 何を | 期限 |
|---|---|---|---|---|---|
| 言語化スキル | 2 ▼ | 3 ▼ | 11/30の営業会議で | 発言者の意見を引き取り，短い文章に言い換える | 2017/04/15 |
| リーディングスキル | 1 ▼ | 2 ▼ | 自宅で | 経営関係の新書を2冊買い，この週末に2冊とも，10分読みにトライする | 2017/04/02 |
| リスニングスキル | ▼ | ▼ | | | 年 / 月 / 日 |
| コミュニケーションスキル | ▼ | ▼ | | | 年 / 月 / 日 |
| ミーティングマネジメント | ▼ | ▼ | | | 年 / 月 / 日 |
| グラフィック表現力 | ▼ | ▼ | | | 年 / 月 / 日 |

Myキャリア

**課題**：あなたは「1年後」，どのレベルに達していたいか，目標とするスキルレベルを特定し，「Myキャリア」に書き出そう（図表8の左から二番目の矢印）。

Myキャリア

## リーディングスキルを伸ばす「施策」は？

　今のレベルから1年後の目標レベルに達するために，あなたは何か努力をせねばならない。この何かを「施策」と呼ぶ。リーディングスキルを伸ばすための施策にはどのようなものがあるか，考えてみよう。

　以下に，施策を5つ列挙する。上のほうにリストアップされているものほど基礎的な施策で，下のほうほど上級の施策だ。むろん，これら以外にもいろいろな施策がある。あくまで例示と思ってほしい。速読に関する本は，いろいろなものが出ている。リーディングスキルがあなたにとって非常に重要なスキルだと思い，また違う角度から関連の本を読んでみたいという方は，読んでみるのはいいことだ。必須とは言わないが。

・速読に関する適切な本を1冊買い，読む
・次の週末に，『…（具体的な本のタイトル）…』を「60分読み」する
・次の週末に，「10分読み」で2冊読む
・次の週末に，「10分読み」で5冊読む
・帰りの電車で，週2日，「10分読み」で1冊ずつ，合計1月で8冊読む

　繰り返すが，施策は具体的でなければならない。でないと，実行しなくなる。

ポイントはそのスキルを「どこで」「いつ」使うかというところだ。書いた施策を実際に使う場を想定し，日程を具体的に書こう。そうすれば実行は担保される。

　　課題：あなたがまず取り組む「施策」を決め，「期限」とともに「Myキャリア」に書き出そう（図表8の右2つの矢印）。

**図表8　スキルを伸ばす**

| スキル | レベル 今 | レベル 1年後 | 施策 どこで | 施策 何を | 期限 |
|---|---|---|---|---|---|
| 言語化スキル | 2 | 3 | 11/30の営業会議で | 発言者の意見を引き取り，短い文章に言い換える | 2017/04/15 |
| リーディングスキル | 1 | 2 | 自宅で | 経営関係の新書を2冊買い，この週末に2冊とも，10分読みにトライする | 2017/04/02 |
| リスニングスキル |  |  |  |  | 年 / 月 / 日 |
| コミュニケーションスキル |  |  |  |  | 年 / 月 / 日 |
| ミーティングマネジメント |  |  |  |  | 年 / 月 / 日 |
| グラフィック表現力 |  |  |  |  | 年 / 月 / 日 |

Myキャリア　－ビジネススキル－
目標設定日時：2017年03月25日

Myキャリア

　16のスキルごとにいくつもの施策を立てていくと，数限りない施策に取り組むことになってしまう。これでは実行がおぼつかない。これを回避するため，各スキルで最初に取り組む施策を1つだけ挙げてもらうようにしている。

## 理解度チェックテスト

　当講座では各部の最後尾に，スキルの定着（実際のビジネスでそのスキルを使うこと）を促すため，非常に簡単な理解度チェックテストを用意している。以下の記述のうち，正しいものを選べ。10問中7問以上の正解で，この部の読了と見なすこととする。

○リーディングスキルはリスニングスキルと同様，アウトプット用のスキルだ
○米国の歴代大統領は，おしなべて速読で知られている
○企業のトップは，速読に長けていなければならない
○プロフェッショナルは，その専門分野の知識が常に最先端でなければならない
○哲学書や小説，研究論文も，速読できなければならない
○経営では，周辺知識をもてばもつほど，読むスピードは上がっていく
○目印に本の端を折ることを"cat-ear"と呼ぶ
○「10分読み」はあくまで象徴であって，それが20分でも30分でもかまわない
○「10分読み」では，その本が必要になったとき，その本に戻れる程度に理解する
○「10分読み」と本屋での立ち読みはまったく違うものだ

理解度チェックテスト

## おわりに

　次の部は「リスニングスキル」だ（図表9）。本シリーズでは16のスキルを一気に学ぶわけだが，仕事をするうえでのインプットのためのスキルは，リーディングスキルとリスニングスキルの2つだけだ。リーディングスキルはこの部で終わらせた。残るはリスニングスキルだ。

**図表9　16の重要スキルとスキルの全体像**

| 複合スキル編 | | 3. プロジェクトセールススキル | 2. コーチングスキル | 1. ファシリテーションスキル |
| --- | --- | --- | --- | --- |
| 目的スキル編 | 6. ライティングスキル | 5. プレゼンテーションスキル | 4. イシュー分析 | 7. ネゴシエーションスキル | 8. ブレーンストーミングスキル |
| | 1. グラフィック表現力 | 2. 論理的思考力 | 3. 因果分析 | | |
| 基礎スキル編 | | | | 4. コミュニケーションスキル | 5. ミーティングマネジメント |
| | 1. 言語化スキル | | 2. リーディングスキル | 3. リスニングスキル | |
| スキルクラスター | 表現力 | 説得力 | 仕事力 | 会話力 | 協働力 |

　リスニングスキル。「聞く」と「聴く」がある。「聴く」はただ「耳」で聞くだけでは足りない。それにプラスして，「目」と「心」をフル稼働して聞くのだ。

　「第3部　リスニングスキル」を読まれる方への宿題だ。

宿題：相手に心地よく安心感をもって話してもらうためには，どのような姿勢，態度で話を聴くのが効果的か？

どのような姿勢，態度で話を聴く？

　「第3部　リスニングスキル」は軽い部だと思ってよい。リスニングスキルとはどのようなもので，スキルの全体マップの中でどのような位置づけにあるのかさえわかっていただければ十分だ。したがって，自分は人の話をよく注意して聴くと自認されるなら，読み飛ばして，「第4部　コミュニケーションスキル」に進まれたい。

　ただ，次の部を30分程度読むだけで，リスニングスキルのすべてを理解し，以降，気に病むことがなくなるはずだ。これもいいものではないか。

## 補章1

# ナイトリーディングと
# デイリーディング

## 梅棹忠夫の「読書」

　日本における文化人類学（anthropology）のパイオニアであり，日本の知性であった梅棹忠夫（1920〜2010）の本に，『知的生産の技術』（岩波新書，1969年）がある。その中で梅棹は，読書について書いている。

> ——「内容の正確な理解のためには，とにかく全部読むことが必要である。半分よんだだけとか，ひろいよみとか，本のよみかたとしては，ひじょうにへたなよみかたである。時間はけっこうかかりながら，目的はほとんど達しない。いわゆる「ななめよみ」で十分理解したという人もあるが，あまり信用しないほうがいい。すくなくとも，きわめて危険で非能率的なよみかたであろう。」

　日本の知性がこのように言うのだから，やはり本は「とにかく全部読むことが必要」なのだろう。思うにわれわれの多くは，読書はこのようにあるべきと教えられてきたのではないか。

## ショウペンハウエルの「読書」

　もっと時代をさかのぼる。『自殺について』で知られるドイツの哲学者ショウペンハウエル（1788〜1860）は，『読書について』という本も書いている。

　——読書は，他人にものを考えてもらうことである。本を読むわれわれは，他人の考えた過程を反復的にたどるにすぎない。
　——常に乗り物を使えば，ついに歩くことを忘れる。しかし，これこそ大多数の学者の実情である。
　——発条（バネ）に，他の物体をのせて圧迫を加え続けると，ついには弾力を失う。精神も，他人の思想によって絶えず圧迫されると，弾力を失う。
　——文学は常に2つある。真の文学は永遠に持続する文学である。しかし，その歩みは遅く，1世紀の間にヨーロッパで1ダースの作品を生み出すか，出さないかである。

　いや〜，凄いことを言う人ではある。だが，確かに正しいことを言っているのだろう。さすがショウペンハウエル，というところだ。

## ナイトサイエンスとデイサイエンス

　少々，脱線する。ノーベル賞物理学者の江崎玲於奈が「ナイトサイエンスとデイサイエンス」という概念を提示している（図表10）。
　デイサイエンスは，われわれ素人が接する科学だ。客観的，論理的，理性的で冷徹でロゴス的な世界。言語化が終わっており，すべて書かれている。学校でこの面をあまり強調すると，科学嫌いの生徒を多くすると江崎は言う。
　一方，ナイトサイエンスは，世界最先端の科学者の取り扱う科学である。新しい知識を生み出す前の混沌とした暗黙知の世界である。主観的，個性的，情

**図表10 サイエンスの二面性**

サイエンスの双面神ヤヌス的二面性

Night Science
- 主観的，個性的，情感的で創造力豊かなパトス的な面
- 科学者の研究に濃厚に用いられる
- 直感と霊感を頼りに暗中模索，悪戦苦闘，試行錯誤し，やっとたまに，闇の中に光彩を放つようなブレークスルーを見出して歓喜する

Day Science
- 客観的，論理的，理性的で冷徹なロゴス的な面
- 教科書に記されている
- 学校でこの面をあまり強調すると，科学嫌いの生徒を多くする

出所：日本経済新聞「私の履歴書」2007年1月3日

感的で創造力豊かなパトス的な世界だ。直感と霊感を頼りに暗中模索，悪戦苦闘，試行錯誤し，やっとたまに闇の中に光彩を放つようなブレークスルーを見出して歓喜する。

## ナイトリーディングとデイリーディング

　江崎の「ナイトサイエンスとデイサイエンス」をリーディングスキルの世界に当てはめてみよう（図表11）。読書にも，「ナイトリーディングとデイリーディング」があるのだ。

　ナイトリーディングは，ショウペンハウエルや梅棹忠夫の主張する「読書」のことだ。深い哲学や学問の世界での読書である。暗黙知の世界を探索し，漆黒の海から両手でそっとすくい上げるように形式知を紡ぎ出す。こういう世界で生きる人の読書に対する姿勢こそ，ナイトリーディングだ。

　特に，ショウペンハウエルが生きたのは，日本でいうと江戸時代の後半。まだ，本そのものの流通が極めて乏しい時代の考え方だ。ショウペンハウエルの考えをそのまま今の時代に当てはめるのは，まったく間違いだ。

　読書を発条（バネ）にたとえた比喩も問題だ。バネが圧迫で弾性を失う事実

**図表11　リーディングの二面性**

リーディングの双面神ヤヌス的二面性

Night Reading
・主観的, 個性的, 情感的で創造力豊かなパトス的な読書
・哲学者・文学者・思想家の思考の発露を読む
・直感と霊感を頼りに暗中模索, 悪戦苦闘, 試行錯誤し, やっとたまに, 闇の中に光彩を放つようなブレークスルーを見出して歓喜し, 著書としてまとめたものを読む

Day Reading
・客観的, 論理的, 理性的で冷徹なロゴス的な読書
・経営学者・経営コンサルタント・経営者の考えが記されている
・スキルとして訓練し, 上達することが可能にもかかわらず, そのように教えられてこなかった

出所：日本経済新聞「私の履歴書」2007年1月3日より著者作成

をそのまま人の読書に当てはめる。読者を説得するためにバネをもってきたのであって, 本来, バネと読書が似ているはずがない。まったく我田引水だ。暗喩だとか比喩だとか, ビジネスの世界で多用するのは避けたほうがよい。比喩で終わらすことなく, 頑張って言語化に努めるべきだ。

## われわれはデイリーディングとしてのビジネスリーディングを指向している

　もうわかっていただけただろう。われわれが今追求している読書は, デイリーディングなのだ。先人の知識をより効率よく獲得することを考えている。ショウペンハウエルや梅棹忠夫の主張するナイトリーディングとしての「読書」とはまったく違うものだ。

　ショウペンハウエルは「読書は, 他人にものを考えてもらうこと」と否定的に言った。デイリーディングでは, 他人にものを考えてもらうことを大いに奨励する。その知識を人より早く獲得し, それを自分の所属する組織に応用するのだ。デイリーディングでは速読は大いに奨励される。拾い読み, 斜め読み, 大いに結構なのである。

補章2

# 「見る」と「観る」

## 本田宗一郎の言葉

視覚によって文字からインプットを得るのがリーディングスキルだ。ビジネス上，視覚により，二次元的・三次元的視覚情報を得ることもある。これも視覚によるインプットだ。この点に触れておこう。まず問題から。

　　問題：牛の耳と角は，どちらが前にあるか？

牛の耳と角は，どちらが前？

ホンダの創業者本田宗一郎は，「見学の『見』と，観察の『観』は違う」という。プロフェッショナルなら，「見る」ではダメだ，「観る」のだという。牛の問題を画家に出すと，ちゃんと答えられるという。それなのに，毎日牛と接している牧夫が，どちらかわからないという。画家はモノの形を捉えるプロだというのだ。

## プロなら「観る」スキルを備えている

　勘違いがないように申し添えたい。牧夫は牛の飼育のプロだ。だから今日の牛の体調がいいかどうかは，チラッと見ただけでわかる。画家は牛の調子などわからない。プロは自分の領域の「観る」スキルを備えているということである。本田宗一郎は，そのようなプロになれと言っているのだ。

　生産管理のプロなら，どこかの会社の工場を一瞬見るだけで，その工場の生産管理のレベルがおおむね把握できる。例えば，整理整頓の状況，床の汚れ具合，などから想像できる。生産管理の本を「10分読み」できるのとまったく同じだ。

　要はプロフェッショナルをめざすことだ。そうすれば「読む」スキルも「観る」スキルも自然についてくる。

# 第3部

# リスニングスキル
―― 「死んだ知識」を読む，「生きた知識」を聞く

「リスニングスキル」は「聞く力」のこと。しかし，「きく」には「聴く」や「訊く」もある。これらの違いがわかってくると，リスニングスキルが何か，わかるようになる。

あなたの周りに「人の話を聞かない人」がいるだろう。リスニングスキルがない人だ。こういう方に「あなたは人の話を聞いていない」と指摘しても，ほとんどの場合，「そんなことはないと思うが」という。良く聞いていないという自覚がないのだ。リスニングスキルはほとんど，自覚の問題だといえる。こういう方は指摘しても改善しない。

本書を読み始めたあなたには，十分なレベルのリスニングスキルが備わっていると思う。そういうあなたにとってのこの部の目的は，どちらかというと，リスニングスキルの定義を理解し，その後，リスニングスキルのことは省みる必要がなくなるところにある。

この部では「インタビュースキル」も取り扱う。いわゆる「質問力」，「訊く力」のことだ。リスニングスキルの中の最難スキルといえる。「聞く力」はもちろん使うが，それ以上に「瞬間的認知力」が必要だ。そう簡単に身につくものではないが，どういうものなのか，知識として知っておく意味はある。

第1章

# 「リスニングスキル」とは？

## リスニングスキルの定義とスキルの全体像での位置づけ

　リスニングスキルの定義は「相手の話を聞き，必要な情報を獲得する」とした。簡単にいえば「聞く力」である。スキルの全体像（図表1）の中では，基礎スキルに属する。

図表1　16の重要スキルとスキルの全体像

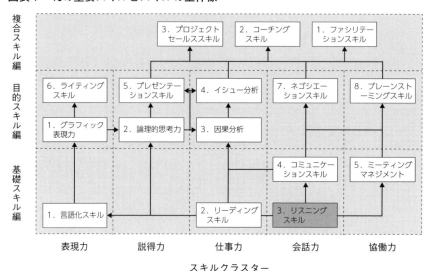

本シリーズでは16のスキルを学ぶわけだが、このうち2つだけが、インプット用のスキルだ。第2部で取り上げたリーディングスキルと、この部のリスニングスキルである。この2つ以外の14のスキルはスループット──インプットをアウトプットに変換・処理すること──用、もしくはアウトプット用のスキルだ。

## 知的労働の付加価値創造プロセスとリスニングスキル

ビジネスでは、アウトプットが求められる。ビジネスの世界で成功したいなら、一番重要なのはアウトプットの質だ。図表2を見ていただきたい。アウトプットの質を上げるためには、スループットの質を上げねばならない。スループットの質を上げるには、まず起点となるインプットの質を上げねばならない。

**図表2　知的労働の付加価値創造プロセス**

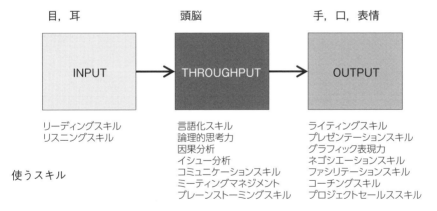

スループット用とアウトプット用のスキルを、きれいに2つのグループに分けるのは難しい。14のスキルを、どちらに重心があるかという視点で分類したものを図表2に示している。異論はあるかもしれない。

## リスニングスキルの重要性

　リーディングスキルで獲得する知識は，すでに言語化され，顕在化された知識だ。非常に重要なインプットになる。ただ，悪いインプットもあるから読む前に本の吟味が必要だ。魚屋に並んだ魚から，なるべく鮮度の良いものを見つけ，美味しく食べるようなものだ。その知識はだれでも平等に得ることができる。リーディングスキルで得る知識は，いうなれば「死んでいる顕在化した知識」だ。

　リスニングスキルで獲得する知識は，「生きている潜在化した知識」だ。これからあなたが聞こうとしている相手から提供される知識は，まさに生きた知識であり，ここだけの，瞬間の知識を獲得するのだ。しかも，その知識は暗黙知である場合が多い。あなたは，聞きながらその暗黙知を分節化（言語化）し，形式知化して，メモをとることになる。どうも簡単ではなさそうだ。

　だれから聞くかが重要だ。本と同様に，聞く相手も十分に吟味が必要だ。「聞く」とはすなわち，海に船を出し，良い漁場を見つけ，生きた魚を釣り上げるようなものだ。良い漁場（話し手）でなければ，良い魚（話）は得られない。

　リーディングスキルとリスニングスキルのどちらが重要か？　どちらも重要だ。しかし，一般にリーディングスキルは重視されるが，リスニングスキルはその存在すら忘れられがちだ。ここで申し上げたいのは，リスニングスキルは，生きている情報を得るためにクリティカルに重要だということである。

　リスニングスキルの重要性を十分理解し，「リスニングスキルはクリティカルに重要だ！」という意識化（図表3）ができたなら，これでもうあなたは，このスキルの70％は身についたようなものだ。以下は読み飛ばして，次のスキルにいってもいいぐらいだ。

**図表3　リスニングスキルはクリティカルに重要だ！**

イメージ「頭にローソクを灯す」

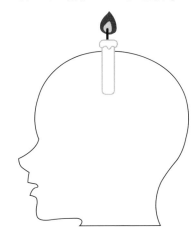

　では，以下を読む価値は何かというと，リスニングスキルを70％以上に引き上げ，世に出ているたくさんのリスニングスキルの本を，もう手に取る必要がなくなることだ。

## この部のゴールを3つ設定する

> □聞く必要があるなら態度も含め，全身で「聴く」
> □リスニングスキルは，コミュニケーション，コーチングやファシリテーションの基盤のスキルである
> □インタビュースキル（訊く力）の中核は，概念的思考力の一部の瞬間的認知力である

第2章

# 「聞く」ということ

## 「聞く」と「聴く」と「訊く」

象形文字を除く多くの漢字は，漢字と漢字を組み合わせた会意文字である。「聞」の字は，門口（かどぐち）に耳を突っ込んで「聞く」となる。

では「聴」はというと，「耳」だけでは足りないので，「目」と「心」を「＋（プラス）」しようということで生まれた。なかなかできた話ではあるが，もちろん，本当の話ではない。「聴く」の成り立ちは定かではないが，「徳」をもって聞くから「聴く」となったという説が有力だ。徳をもって聞くのだから，話し手を尊重し，オープンマインドで，注意力をもって，静かに聞く，だから話すほうも安心して話せる，ということだろう。

日本が漢字を借りてきた国である中国でも，「聞」と「聴」の両方があるにはあるが，圧倒的に「聴」を使っている。ただし，簡体字はかなり様相を異にしており，「口」偏に「斤」という漢字なのだそう。

「聞く」と「聴く」は，注意力や集中力をどの程度使うかで決まってくる。例えば，クラシックのコンサートに行けば，「聞く」とはいわず必ず「聴く」を使うだろう。しかし，以下では一貫して「聞く」という漢字を用いる。特別に集中して聞く必要があるときだけ，注意を促す意味で「聴く」という漢字を用いることにする。

「きく」にはもう1つ「訊く」がある。「尋ねる」「質問する」という意味だ。

これは，コミュニケーションスキルや論理的思考力，コーチングスキルなどとの関連が深いが，「きく」続きで，この部で扱うことにする。いわゆる「質問力」のことである。

## 「聞く」プロセス

「聞く」には，いろいろなプロセスが含まれている。受け取る，理解する，覚える，評価する，応えるなどだ。このプロセスをまとめたもので，ウォルヴィン＆コークリー・モデルがある（図表4）。

図表4　「聞く」プロセス

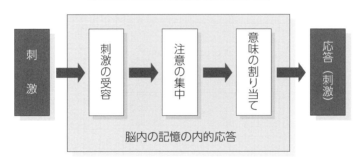

左の白抜き文字の四角「刺激」は話し手の発した言葉だ。相手が「昨日，○○のコンサートに行ってきた！」と言ったとしよう。

中央のグレーの四角はあなたの脳内で起こっていることで，まず「刺激を受容」する。「この人は○○のコンサートに行ったんだ」といったんは受け入れる。次が「注意の集中」だ。「あの低俗な○○だよね〜」などとあなたは考える。そして「意味の割り当て」だ。「この男のレベルは知れたものだ」と評価する。

そこであなたの「応答」だ。例えば，「それは羨ましい」と応える。相手との関係を重んじ，考えていることとはまったく違うことを言うことはよくある

ことだ。これが「聞く」プロセスである。

## リスニングとコミュニケーションの関係

図表4で、右の「応答」はそのまま相手に対する「刺激」となる。今度は相手が刺激を受け、聞くプロセスが開始する。これが繰り返され、コミュニケーションとなる（図表5）。

**図表5　リスニングとコミュニケーション**

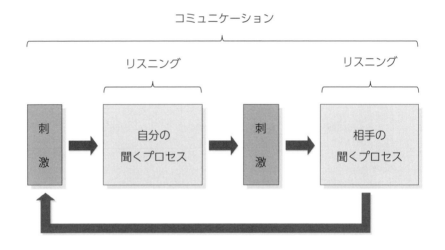

図表6のスキルの全体像でも明らかなように、リスニングスキルはコミュニケーションスキルの一部である。そして、コミュニケーションスキルは、その上位にあるネゴシエーションスキルやブレーンストーミングスキル、ファシリテーションスキルやコーチングスキルの重要な一部となっている。

### 図表6　16の重要スキルとスキルの全体像

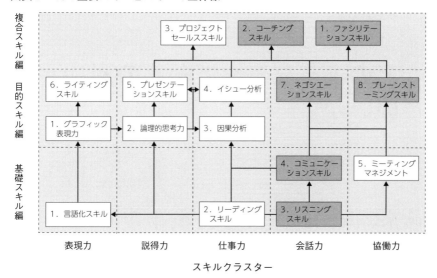

スキルは段々下から積み上がって、全体として体得されていく。だから、基礎スキル編だからといって、軽視はできない。

## 第3章

# どのような姿勢で聞くのが いいか？

## 興味がないなら「聞く」ことはできない！

　会社員の報酬の40％は「聞く」ことに支払われているという調査結果（『〈聞く力〉を鍛える』伊藤進著，講談社，2008年刊）がある。年収が500万円なら，200万円は聞くことに対する報酬ということだ。これだけもらっているのだから，ちゃんと注意力をもって聞くべきだ……と言うつもりはない。

　例えば，朝礼での上司のスピーチ。聞くのも仕事の一部だが，興味がないなら右の耳から入って，そのまま左の耳から出ていってしまう。話に脳が反応しないわけで，いかんともしがたい。興味がないなら「聞く」ことはできないのが人間だ。しかし，聞く必要がある話なら，集中して聞かねばならない。

　さて，前の部の最後に提示した宿題だ。

　　宿題：相手に心地よく安心感をもって話してもらうためには，どのような
　　　　　姿勢，態度で話を聴くのが効果的か？

どのような姿勢，態度で聴くか？

## リスニングにおける信頼

　人は，信頼していない相手には，警戒して本音を話さない。信頼してもらうためにも，相手が話したいことを決してさえぎらず，思う存分話してもらう必要がある。すでに議論した，相手が話しやすい態度が重要ということだ。人は，心を開いて話せた相手を信頼する。

　心を開いて話してもらうには，相手の話を気にかけている，興味をもっているというサインを送ることだ。相手に良い印象を与えられれば，信頼を得ることができる。

　　問題：宿題とは逆に，適切でない態度は？

適切でない態度は？

　あなたはちゃんと答えられたものと思う。そう，あなたはすでにリスニングスキルを十分なレベルで備えていると思ってよいのだ。この部を読み終えたら，免許皆伝だ。今後，リスニングスキルのことで本屋に行く必要はないということであり，このことがこの部からあなたが得る最大の成果ともいえる。

## メモは必要，録音はダメだ

　メモは必ずとろう。相手の信頼を得るのに大いに効果がある。ただ，これはあくまで副次的効果だ。うまくメモをとれるようになることは，リスニングスキルでは極めて重要だ。聞いていることを長々と書き取るのはダメだ。聞きながら，言語化スキルをフル動員し，スッキリとした短いメモにする。あとで読

み返す必要が生じたとき，重要なポイントが押さえられていないとダメだ。習熟には訓練が必要だ。

　「言語化スキルをフル動員し」と書いたが，これはあなたの頭の中で行われる「知の創造プロセス」なのだ。暗黙知を聞き，分節化し，形式知としてメモる。このプロセスを猛烈なスピードで行うのが「聞く」という作業だ。リスニングスキルは，言語化スキルが十分にあった上に成り立つスキルなのである。

　録音はダメだ。録音し，メモをとらないなら，話に全神経を集中させられると考えるのは間違いだ。かえって録音していることに頼り，集中力を欠く結果となる。例えば，2時間のインタビューを録音し，あとから2時間かけて聞き直すなどありえない。仕事の能率を極端に下げることになる。証拠として残す必要があるような場合を除き，録音はやめたほうがよい。

## 聞くことができない人もいる

　私はいろいろな企業で研修を行うが，なかに少数だが，私の話をまったく聞かない方がいる。私の話に必要を感じていないのだ。これまで会社生活の中で非常にうまくやってきたし，自分が一番だと考えているのかもしれない。「何かを得ねばならない」という欠乏感がない。

　例えば，戦略論の5回に及ぶ研修だとしよう。こちらからは，だれがどの程度の基礎知識をもって参加しているか，どのような姿勢でいるか，1回目の研修で把握できる。ネガティブな姿勢で参加する人はしばしばいるが，1回目の研修が終わるころには，眼の色が変わってくるのがおおかただ。そんな中に，話をまったく聞かない人がいる。

　こういう人は，何を言っても聞いてはくれない。もちろん，能力を伸ばすことも決してない。「あなたは何も聞いていない」と言っても意味はない。自覚がないからだ。そもそも聞く気がないのである。

　こういう人にも，今後，「このままの自分ではダメだ」と思うときがくるかもしれない。そのとき初めて，聞く耳をもつようになるのである。

# 第4章

# 「訊く」力

## 「訊く」力とは質問力のこと

　リスニングしている最中に，相手に質問するのはたいへんいいことだ。曖昧だったことを明瞭にできる。また，聴く態度を示し好印象を与え，より多くを引き出せるようになる。「質問力」は「インタビュースキル」とも呼ぶ。本シリーズでは，インタビュースキルをリスニングスキルの一部としている。

　関連する本は枚挙に暇がない（サイトの図表7）。私は，どの本が良いかわからない。このうちの十数冊は，1冊10分程度，ザッと見てはいるが。以下で「質問力」を概説することになるが，より深く知りたいと思う方は，ご自分で本屋に行って，良い本を選んでもらうのがよい。

多くの「質問力」の本

　「訊く」は「聞く」と「聴く」の並びでこの部で取り上げている。確かに，「訊く」という知的プロセスの中心は「聴く」ことではある。しかし，単に「聴く」だけと比べると，はるかに広範囲に深く頭脳を使っている。

## 「訊く」プロセス

コンサルタントにとって，質問力，インタビュースキルはクリティカルに重要だ。私はコンサルタントの経験が長いので，インタビュースキルには長けている。

図表8を見ていただきたい。訊くプロセスは5つのステップで成り立つ。中心が「質問し『聴く』」（薄いグレーの部分）だ。しかし，前後に2つずつステップがあり（濃いグレーの部分），全体の中での「聴く」部分はむしろ小さい。

**図表8　訊くプロセス**

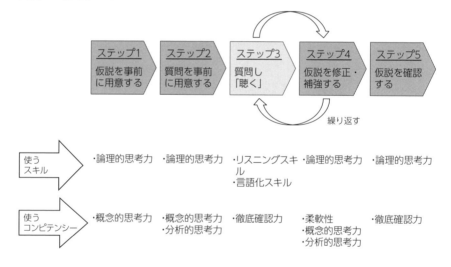

事前に仮説を立て，そのうえで質問を用意しておく必要がある。質問をし，聴きながら，瞬時に仮説を修正・補強し，また質問する。この過程を繰り返しながら，仮説を再構築する。そして最後に，修正された仮説で間違いないか，話し手に確認する。

インタビューに与えられる時間は普通は1時間，長くても2時間だろう。集

中し，瞬時に判断し，聴き出したことを柔軟に仮説に取り入れていく。

図表8には，それぞれのステップで使うスキルとコンピテンシーが書かれている。真ん中の「質問し『聴く』」以外では，考えることに関連するスキルやコンピテンシーを総動員していることがわかる。

## インタビュースキルに必要な瞬間的認知力

図表8に示すスキル「論理的思考力」は，本シリーズで学習することで備わったとしよう。とすると，説明が必要なのはコンピテンシーだ。まず，「柔軟性」が非常に重要であることを強調しておきたい。自分の立てた仮説に拘泥し，せっかくのインタビューを無駄にするようではダメだ。

コンピテンシーの「柔軟性」を発揮しながら，聞いたことを仮説に取り込み，修正・補強する。瞬間的な作業であり，コンピテンシーとしての「概念的思考力」を駆使することになる。理詰めというよりも直感的判断で修正・補強をしている。われわれはこういう場合，相手の話を聞きながら無意識に思考している。これを「瞬間的認知」（rapid cognition）という。

雑誌『ニューヨーカー』のライターであるマルコム・グラッドウェル（1963〜）はこの瞬間的認知を「第1感『最初の2秒』の『なんとなく』が正しい」と表現している。瞬間的認知は，危険が差し迫った際の一瞬の攻撃とか逃走よりゆっくりしている。一方，われわれが普段用いているゆったりと時間をかけた中での思考よりはるかに早い認知である。

この辺は脳科学や認知科学で解明中であり，まだ未解明な部分が多い。ただし，いずれにしろわれわれには，瞬間的認知力が遺伝的に備わっているのは間違いない。概念的思考力の一部である瞬間的認知力を鍛える方法は1つしかない。柔軟力を保ちながら瞬間的に仮説を修正・補強していくようなインタビューを多く経験することだ。あらゆるビジネスシーンで役立つはずだ。

第5章

# あなたのリスニングスキルを伸ばす

## 目標は達成されたか？

　以上で本編は終了だ。この部の冒頭で，この部の到達目標を以下のとおり，3つ設定した。

　　課題：以下の3つの到達目標を達成したか。達成したなら✔（チェック）を。

---

□聞く必要があるなら態度も含め，全身で「聴く」

□リスニングスキルはコミュニケーション，コーチングやファシリテーションの基盤のスキルである

□インタビュースキル（訊く力）の中核は，概念的思考力の一部の瞬間的認知力である

---

　リスニングスキルがどういうもので，スキルの全体像の中での位置づけ――他のスキルとの組み合わせで用いること――がわかれば十分だ。そのうえで「聴く」姿勢ができたなら，あとは他のスキルの向上に努めるべきである。

## あなたのリスニングスキルのレベルは？

スキルのレベルを言語化したのが図表9だ。レベルの記述は1刻みだが，あなたのレベルがその中間と思うなら，0.5刻みでレベルを表現する。

**図表9　スキルのレベル**

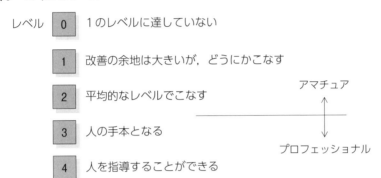

**課題**：あなたの「今」のリスニングスキルのレベルを0.5刻みで特定し，「Myキャリア」に書き出そう（図表10の一番左の矢印）。

**図表10　スキルを伸ばす**

Myキャリア　−ビジネススキル−

目標設定日時：2017年03月25日

| スキル | レベル 今 | レベル 1年後 | 施策 どこで | 施策 何を | 期限 |
|---|---|---|---|---|---|
| 言語化スキル | 2 | 3 | 11/30の営業会議で | 発言者の意見を引き取り，短い文章に言い換える | 2017/04/15 |
| リーディングスキル | 1 | 2 | 自宅で | 経営関係の新書を2冊買い，この週末に2冊とも，10分読みにトライする | 2017/04/02 |
| リスニングスキル | | | | | 年 / 月 / 日 |
| コミュニケーションスキル | | | | | 年 / 月 / 日 |
| ミーティングマネジメント | | | | | 年 / 月 / 日 |
| グラフィック表現力 | | | | | 年 / 月 / 日 |

Myキャリア

課題:あなたは「1年後」,どのレベルに達していたいか,目標とするスキルレベルを特定し,「Myキャリア」に書き出そう(図表10の左から二番目の矢印)。

Myキャリア

## リスニングスキルを伸ばす「施策」は?

　リスニングスキルに関しては,あなたはすでにレベル2以上だと推測している。本書をここまで読んでくれたということは,レベル2はあるはずだ。「施策」は必要ないかもしれない。
　以下に,レベル2.5以上にするための典型的な施策を2つのみ挙げることにする。あくまで例示と思ってほしい。あとは自分に必要と思うことを自分で考えていただきたい。まず一番目だ。

・これは重要だと思える会議で,注意力・集中力を意識化し,漏らさず聞き,簡潔な要約されたメモをとる

　数日後,そのメモを見て,会議の内容をすべて思い返すことができれば合格

だ。次に２番目の施策だ。例えば，あなたが全社的な人事制度改革プロジェクトのメンバーに選ばれ，現行制度の欠点を特定し，改革案を作成するミッションを与えられたとしよう。

・自分が今知る限りの現組織の欠点を挙げておき，人事制度の世界的潮流に関する本を２冊読み，人事制度改革の仮説を用意し，幅広い社員とのインタビューに臨む。柔軟性をもち，瞬間的認知力を意識しながら仮説を修正・補強する

　このような施策はどうだというか。これがある程度できるようになれば，レベル３になっていると思っていいだろう。ただ，この施策は「５つの施策の集合体」になっている。Myキャリアに書き込む施策は，簡潔で，「１つの施策」であるべきだ。上記の施策なら，５つに分け，１つひとつ取り組むのが良い。

## あなたが最初に取り組む施策を決めよう！

　**課題**：あなたがまず取り組む「施策」を決め，「期限」とともに「Myキャリア」に書き出そう（図表10の右の２つの矢印）。

**図表10　スキルを伸ばす**

Myキャリア　−ビジネススキル−

目標設定日時：2017年03月25日

| スキル | レベル | | 施策 | | 期限 |
| --- | --- | --- | --- | --- | --- |
| | 今 | 1年後 | どこで | 何を | |
| 言語化スキル | 2 ▼ | 3 ▼ | 11/30の営業会議で | 発言者の意見を引き取り，短い文章に言い換える | 2017/04/15 |
| リーディングスキル | 1 ▼ | 2 ▼ | 自宅で | 経営関係の新書を2冊買い，この週末に2冊とも，10分読みにトライする | 2017/04/02 |
| リスニングスキル | ▼ | ▼ | | | 年 / 月 / 日 |
| コミュニケーションスキル | ▼ | ▼ | | | 年 / 月 / 日 |
| ミーティングマネジメント | ▼ | ▼ | | | 年 / 月 / 日 |
| グラフィック表現力 | ▼ | ▼ | | | 年 / 月 / 日 |

Myキャリア

## 理解度チェックテスト

非常に簡単な理解度チェックテストだ。以下の記述のうち，正しいものを選べ。10問中7問以上の正解で，この部の読了と見なすこととする。

---

○リスニングスキルはコミュニケーションスキルと同様，インプット用のスキルだ

○ビジネスでは常に，アウトプットを求められる

○スキルにおけるスループットとは，インプットをアウトプットに変換することだ

○リーディングは生きた知識を対象とするが，リスニングは死んだ知識を対象とする

○リスニングのプロセスは，コミュニケーションのプロセスに包含されている

○話し手の信頼を得るには，聞き手は全身で聞かねばならない

○リスニングに録音は必須，メモは不要だ

○訊く力とは質問力のことだ

○訊くためには，事前に質問を準備するのはやめたほうがよい

○インタビュースキル（訊く力）の中核は，概念的思考力の一部の瞬間的認知力である

理解度チェックテスト

## おわりに

　これでリスニングスキルは終了だ。本講座の中のインプット用ビジネススキルは，リーディングスキルを含め，2つとも終わったことになる。次からはすべてアウトプットもしくはスループット系のスキルだ。

　次の部は「第4部　コミュニケーションスキル」だ。リスニングスキル同様，会話力クラスターに属する（図表11）。

**図表11　16の重要スキルとスキルの全体像**

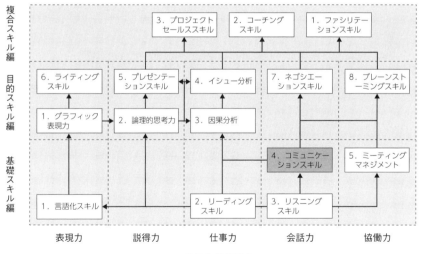

コミュニケーションスキルがリスニングスキルを包含しているのは，図表5（再掲）に示すとおりである。コミュニケーションスキルの本はたくさんあるが，当然，リスニングスキルの話が入ることになる。しかし，本書のコミュニケーションスキルでは，リスニングスキルの話をもう一度繰り返すことはしない。議論もその分，わかりやすいはずだ。

**図表5　リスニングとコミュニケーション**

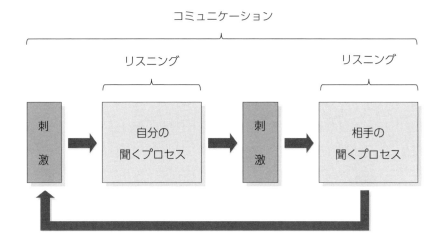

宿題：図表12に答えよ。結果は次の部の中で使うことになる。

**図表12　あなたの傾向**

```
                                           1 2 3 4    1＝よくあてはまる
1. 自己主張することが下手だと思う            □□□□    2＝あてはまる
2. 常に未来に対して情熱をもっているほうだ    □□□□    3＝あまりあてはまらない
3. 他人のためにしたことを感謝されないと悔しく思うことがよくある □□□□    4＝あてはまらない
4. 嫌なことは嫌と、はっきり言える            □□□□
5. 人にはなかなか気を許さない                □□□□
6. 人から楽しいとよく言われる                □□□□
7. 短い時間にできるだけ多くのことをしようとする □□□□
8. 失敗しても立ち直りが早い                  □□□□
9. 人からものを頼まれるとなかなかノーと言えない □□□□
10. たくさんの情報を検討してから決断をくだす  □□□□
11. 人の話を聞くことよりも自分が話していることのほうが多い □□□□
12. どちらかというと人見知りするほうだ       □□□□
13. 自分と他人をよく比較する                 □□□□
14. 変化に強く適応力がある                   □□□□
15. 何事も自分の感情を表現することが苦手だ   □□□□
16. 相手の好き嫌いに関わらず、人の世話をしてしまうほうだ □□□□
17. 自分が思ったことはストレートに言う       □□□□
18. 仕事の出来栄えについて人から認められたい □□□□
19. 競争心が強い                             □□□□
20. 何事でも完全にしないと気がすまない       □□□□
```

出所：鈴木義幸『図解　コーチング流　タイプ分けを知ってアプローチするとうまくいく』
　　　（ディスカヴァー・トゥエンティワン，2006年）

あなたの傾向

「第4部　コミュニケーションスキル」でお会いしよう。

# 第4部

# コミュニケーションスキル
## ——相手のコミュニケーションスタイルに合わせる

　　コミュニケーションスキルに関する本は数限りなくあるが，定義
がたいへん広い。本シリーズで扱う16のビジネススキルのうち，
言語化スキル，リスニングスキル，論理的思考力，プレゼンテー
ションスキル，ファシリテーションスキル，以上5つのスキルを含
むことがほとんどだ。

　逆に考えると，上に挙げた5つのスキルを除くなら，コミュニ
ケーションスキルの定義はたいへん限定的になるし，議論も簡潔に
なる。この部でのコミュニケーションスキルの定義は，「会話によ
り，相手との相互理解を深める」とした。

　コミュニケーションでは，メラビアンの法則と呼ばれる法則が重
要だ。簡単にいえば，「メッセージを正しく伝えるには，言葉と声
とボディランゲージの3つの要素を，一致させよ」ということだ。
しかし，メラビアンの法則はいろいろな俗説が生まれ，誤解を生じ
させている。メラビアンの法則を正しく解釈することは，コミュニ
ケーションスキルに対する正しい理解の第一歩になる。

　人はそれぞれ独自のコミュニケーションスタイルをもっている。
私はコントローラースタイルとプロモータースタイルが強い。あな
たも，あなた固有のコミュニケーションスタイルをもっている。コ
ミュニケーションを促進したいなら，相手のコミュニケーションス
タイルを理解し，その特性に合わせた話し方・聞き方をするのがよ
い。それができれば，あなたはコミュニケーションスキルのプロ
フェッショナルだ。

第1章

# 「コミュニケーションスキル」とは？

## コミュニケーションスキルの定義とスキルの全体像での位置づけ

コミュニケーションスキルの定義は，「会話により，相手との相互理解を深める」とした。スキルの全体像（図表1）の中では，会話力クラスターに属する基礎スキルの1つだ。

図表1　16の重要スキルとスキルの全体像

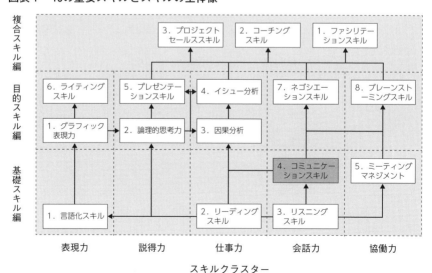

コミュニケーションの定義は，最も簡単には「伝達」だ。英語で"communication"。語源はラテン語で，communis（共通の）にmunitare（舗装する，通行可能にする）を加えたもの。だから「伝達する」だけではコミュニケーションにはならない。相手との意思疎通を通し，「互いに理解し合う」ことがコミュニケーションだ。

## この部のゴールを4つ設定する

☐コミュニケーションスキルは，言語化スキルとプレゼンテーションスキルが身につけば，おのずと身につく

☐コミュニケーションスキルの上級スキルがファシリテーションスキルである

☐これからの時代，デジタル・コミュニケーションスキルが特に重要である

☐相手のCSI（Communication Style Inventory：コミュニケーションの型）がわかると，コミュニケーションが促進される

## 第2章

# コミュニケーションスキルと他のスキルの関係

### リスニングスキルがコミュニケーションスキルの基礎

　前の部が「第3部　リスニングスキル」だった。その中で使った図表を，図表2として示す。

**図表2　リスニングとコミュニケーション**

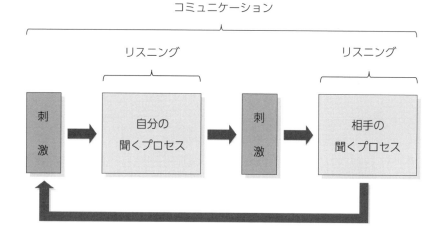

　図表2で明らかなように，リスニングスキルはコミュニケーションスキルの

一部である。よく相手の話しを「聴く」ことがコミュニケーションスキルの基礎だ。

## 齋藤孝『コミュニケーション力』の定義から考える

　明治大学教授で教育学者の齋藤孝（1960～）は，コミュニケーションに関する研究家でもある。彼は著書『コミュニケーション力』（岩波新書，2004年）の中で，コミュニケーションを「意味や感情をやり取りする行為」と定義している。本シリーズでの定義「会話により，相手との相互理解を深める」と大同小異であろう。

　齋藤は本の中で，コミュニケーションに必要とされる能力に関し，以下のように書いている（10頁）。

　　——本当に求められる能力は，相手の言いたいことを的確につかむ能力である。要約力と言ってもいい。出来得れば，相手がすべて言葉で表現し切れていない事柄までも，想像力や推測力でつかみ取り，「おっしゃりたいのは，……ということではないでしょうか」と提案する力が欲しい。

　　**問題**：上記の文章で表現されている能力は，本シリーズの16のスキル（図表３）の中で，どのスキルに該当するだろう。2つある。

該当するスキルは？

　プレゼンテーションスキルは，本シリーズの目的スキル編で学習することになる。プレゼンテーションスキルの定義は「自分の考えを過不足なく相手に伝

**図表3　16の重要スキルの定義**

| クラスター | 編 | スキル | 定義 |
|---|---|---|---|
| 表現力 | 基礎 | 1. 言語化スキル | 曖昧な知識を過不足なく，皆が同じイメージを持てるよう表現する |
| | 目的 | 1. グラフィック表現力 | 説得力を増すため，大量のデータや複雑・曖昧な概念を図にする |
| | 目的 | 6. ライティングスキル | 過不足なく，わかりやすく著す |
| 説得力 | 目的 | 2. 論理的思考力 | ある一定の結論に至る論を，飛躍なく説得力をもって進める |
| | 目的 | 5. プレゼンテーションスキル | 自分の考えを過不足なく相手に伝える |
| 仕事力 | 基礎 | 2. リーディングスキル | 読む対象を選択し，適切な速さで読み，必要な知識を獲得する |
| | 目的 | 3. 因果分析 | 因果関係を論理の飛躍なく示し，原因・解決策を明らかにする |
| | 目的 | 4. イシュー分析 | 錯綜する課題の真の問題点，重要度，相互の関係を明らかにする |
| 会話力 | 基礎 | 3. リスニングスキル | 相手の話を聴き，必要な情報を獲得する |
| | 基礎 | 4. コミュニケーションスキル | 会話により，相手との相互理解を深める |
| | 目的 | 7. ネゴシエーションスキル | いやがる相手を自分の有利な結論に導く |
| 協働力 | 基礎 | 5. ミーティングマネジメント | ミーティングを効果的，効率的に運営する |
| | 目的 | 8. ブレーンストーミングスキル | 集団でアイデアを出し合い，新しい発想を誘発し合う |
| (複合) | 複合 | 1. ファシリテーションスキル | 異種の知識を結合し，新しい知識を創造する |
| | 複合 | 2. コーチングスキル | 巧みな質問とアドバイスで，他者の能力や可能性を引き出す |
| | 複合 | 3. プロジェクトセールススキル | 知的サービスプロジェクトを巧みに売り込む |

える」能力だ。

　　問題：上で特定された言語化スキルとプレゼンテーションスキルで，要求されるスキルレベルは？（図表4）

スキルレベルは？

**図表4　スキルのレベル**

| レベル | | |
|---|---|---|
| | 0 | 1のレベルに達していない |
| | 1 | 改善の余地は大きいが，どうにかこなす |
| | 2 | 平均的なレベルでこなす |
| | 3 | 人の手本となる |
| | 4 | 人を指導することができる |

アマチュア
↑
↓
プロフェッショナル

## 齋藤孝はなお難しい要求をしている

　少なくともレベル3，齋藤はかなり難しいことを要求していることがわかる。齋藤はまた同本（22頁）で，以下のように言っている。

　　――相手の経験世界と自分の経験世界を絡み合わせ，一つの文脈を作り上げることで，次の展開が生まれる。それがコミュニケーション力のある対話だ。

　　**問題**：上記は，本講座の16のスキル（図表3）の中で，どのスキルに該当するだろう。

もう1つのスキルは？

**図表3　16の重要スキルの定義**

| クラスター | 編 | スキル | 定義 |
|---|---|---|---|
| 表現力 | 基礎 | 1．言語化スキル | 曖昧な知識を過不足なく，皆が同じイメージを持てるよう表現する |
| | 目的 | 1．グラフィック表現力 | 説得力を増すため，大量のデータや複雑・曖昧な概念を図にする |
| | 目的 | 6．ライティングスキル | 過不足なく，わかりやすく著す |
| 説得力 | 目的 | 2．論理的思考力 | ある一定の結論に至る論を，飛躍なく説得力をもって進める |
| | 目的 | 5．プレゼンテーションスキル | 自分の考えを過不足なく相手に伝える |
| 仕事力 | 基礎 | 2．リーディングスキル | 読む対象を選択し，適切な速さで読み，必要な知識を獲得する |
| | 目的 | 3．因果分析 | 因果関係を論理の飛躍なく示し，原因・解決策を明らかにする |
| | 目的 | 4．イシュー分析 | 錯綜する課題の真の問題点，重要度，相互の関係を明らかにする |
| 会話力 | 基礎 | 3．リスニングスキル | 相手の話を聴き，必要な情報を獲得する |
| | 基礎 | 4．コミュニケーションスキル | 会話により，相手との相互理解を深める |
| | 目的 | 7．ネゴシエーションスキル | いやがる相手を自分の有利な結論に導く |
| 協働力 | 基礎 | 5．ミーティングマネジメント | ミーティングを効果的，効率的に運営する |
| | 目的 | 8．ブレーンストーミングスキル | 集団でアイデアを出し合い，新しい発想を誘発し合う |
| （複合） | 複合 | 1．ファシリテーションスキル | 異種の知識を結合し，新しい知識を創造する |
| | 複合 | 2．コーチングスキル | 巧みな質問とアドバイスで，他者の能力や可能性を引き出す |
| | 複合 | 3．プロジェクトセールススキル | 知的サービスプロジェクトを巧みに売り込む |

　　ここでは，齋藤孝の定義するコミュニケーションスキルが非常に広範で，相当高度なレベルを要求している，ということを理解していただければ十分だ。

## スキルの全体像でのコミュニケーションスキルの位置づけ

　　齋藤孝の定義に従えば，コミュニケーションスキルは，図表5に濃いグレーの白抜き文字で示すスキルをすべて包含することになる。薄いグレーの白抜き文字で示したスキルも，コミュニケーションスキルと深く関連する。

## 図表5　16の重要スキルとスキルの全体像

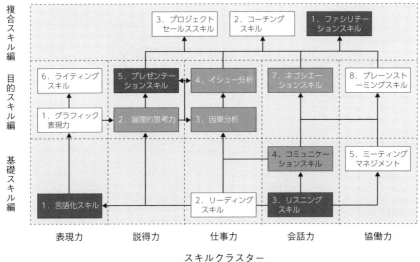

　一般にコミュニケーションスキルは極めて広範なスキルで，コミュニケーションスキルの本の多くは，議論がたいへん複雑になる。議論を簡単にするため，ここでは以下のように考えていただきたい。

　本講座では，ビジネスで主に用いる16のスキルを図表5のように，ダブリをなくして定義し直している。そしてコミュニケーションスキルは，他のスキルでカバーできない中核の部分のみをコミュニケーションスキルとして定義し直している。それが「会話により，相手との相互理解を深める」である。結果として，本講座のコミュニケーションスキルは，かなり理解しやすくなっているはずだ。

　まずはコミュニケーショとは何かを，メラビアンの法則というものを考えることで，基本のところから今一度押さえておきたい。第3章がそれだ。

# 第3章

# コミュニケーションにおける メラビアンの法則

### あなたならどうする？

問題：サイトの図表6を見ていただきたい。あなたの上司が「怒ってないから，正直に言いなさい」と言っている。あなたならどうする？ 言う？ 言わない？

「怒ってないから，正直に言いなさい」

## メラビアンの法則とは？

　アメリカの心理学者アルバート・メラビアン（1939〜）は，非言語コミュニケーションに関する「メラビアンの法則」で知られている。
　メラビアンによれば，人と人とが直接顔をつき合わせる会話の場合，コミュニケーションの成果に影響を及ぼす3つの要素があるという。その3つとは，言葉そのもの，声のトーン，そしてボディランゲージだ。

先ほどサイト上で見た図表6を思い出してほしい。3つの要素で考えたとき，上司のコミュニケーションには矛盾がある。言葉そのものは「怒ってないから」と言いつつ，顔（ボディランゲージ）は明らかに「怒っている」。部下はこのとき，ボディランゲージの影響をより強く受ける。

メラビアンの研究によれば，話し手から発せられる3つの要素に矛盾があるとき，聞き手の解釈に与える影響は，言葉そのものは7％と非常に小さいという。一方，声のトーンは38％，ボディランゲージは55％と，言葉そのものと比べ圧倒的に高くなった。すなわち，聞き手の解釈に対して，言語コミュニケーション（言葉そのもの）の影響が7％，非言語コミュニケーション（声のトーンとボディランゲージ）の影響が93％ということだ。

正しく意図を伝えるには，言葉と声のトーンとボディランゲージという3つの要素が矛盾してはならないということだ。一致していれば，言葉そのものが聞き手に伝わるようになる。これがコミュケーションの基本の基本ということだ。

## メラビアンの俗説に気をつけよ！

メラビアンの法則はその後，いろいろな人に引用されるようになり，さまざまな俗説が生まれることになる。曰く「見た目が一番大事」「電子メールなどだめだ，やっぱりフェースツーフェースのコミュニケーションだ」「話の内容より話し方のテクニックが重要だ」などである。これらはメラビアンの法則の間違った解釈だ。

メラビアンが言っていることは1つ，メッセージを正しく伝えるには，言葉と声のトーンとボディランゲージの3つの要素を一致させよ，ということだ。

「メラビアンの法則」は「7−38−55のルール」とも呼ばれる。たいへんいいことを教えてくれている。これを正しく理解し，正しく使えば，あなたのコミュニケーションスキルは大いに上達する。

## 第4章

# ますます重要になる
# デジタル・コミュニケーション

## メラビアンの法則の間違った解釈

　メラビアンの法則の俗説の1つに，「電子メールなどだめだ，やっぱりフェースツーフェースのコミュニケーションだ」があると書いた。これは猛烈に間違った解釈だ。

　ここで，「第1部　言語化スキル（後半）」第2章で紹介した「プロフェッショナル　仕事の流儀」での脳科学者茂木健一郎の話を思い返してもらいたい。

　メラビアンの法則は，フェースツーフェースのコミュニケーションを重視しろとは言っていない。言葉と声，表情の3つのコミュニケーション手段を一致させよ，と言っているだけだ。

## メラビアンの法則の正しい拡大解釈

　メラビアンの3つの要素——言葉そのもの，声のトーン，ボディランゲージ——に合わせたコミュニケーション手段を考えてみよう。3つすべてを使いながらのコミュニケーションは，相対の，フェースツーフェースのコミュニケーションだ。テレビ会議もこの範疇に入れていいだろう。ボディランゲージのない，声と言葉のコミュニケーションは，電話によるコミュニケーションだ。そして，言葉だけのコミュニケーションは，古くは手紙やメモであったが，現代

は本章のタイトルにあるITを用いたデジタル・コミュニケーションだ。

メラビアンの法則を拡大解釈するなら，デジタル・コミュニケーションこそ，メッセージをそのままに伝える最善のツールといえる。声のトーンや表情による解釈の違いを生む可能性がないからだ。

茂木の言う「ITは役に立たない」というのは，現代の経営においてはまったく逆で，組織はITを使ったコミュニケーションに長けなければならないのだ。図表7は本書の「第1部　言語化スキル」で使った図の応用だ。

**図表7　コミュニケーションにおけるコンテンツとコンテクスト**

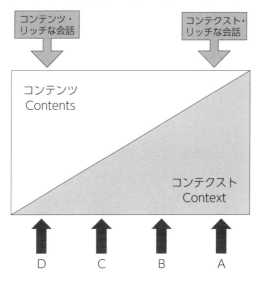

そこで書いたことを要約すれば，組織は（コンテクストでなく）コンテンツを重視したコミュニケーションに努めよということだ。もし今，あなたの会社のコミュニケーションが，A（コンテクスト・リッチ）のポジションにいるなら，なるべく速くポジションB（コンテンツ・リッチ）へ移行する必要がある。そしてポジションCを，ポジションDをめざさねばならないということである。

言い方を換えれば，暗黙知を形式知に転換する組織的な努力が，組織の知識の高度化に資するということだ。そして，暗黙知を形式知に転換するツールとして，IT——電子メールや社内SNS，グループウエアなど——は最適な道具

となる。そう，「ITは役に立たない」は大間違い，「ITこそ役に立つ」のである。

## 「ワークスタイルの変革」が問うているもの

最近，「ワークスタイルの変革」という言葉が経営上のバズワード——「流行語」——になっている。東京では，そんなタイトルのセミナーが目白押しだ。要は，ITのツールを用いて，仕事の生産性を格段に改善しようということだ。

例えば，タケダグループ。CEOである元グラクソ・スミスクラインのクリストフ・ウェバーがネスレ社（スイス）から引き抜いてきたオリビエ・グアンをCIO（Chief Information Officer：最高情報責任者）に据え，タケダグループ全体のイノベーションを推進しようとしている。その中核をなすのが，経営と一体化したIT戦略と，ITを用いた業務プロセスの抜本的改革である。

タケダの属する医薬品業界は今，未曾有の変革の時代に差しかかっている。これまでは薬効の高い医薬品をつくっていればよかった。厳しいとはいえ，プロダクトアウトのわかりやすい時代だったといえる。今，医薬・医療機器業界は，医療・介護業界，IT機器・ソフトウエア業界と混然一体につながりだした。患者を中心にすべてのデータがデジタル化され，ビッグデータを用いたサービスの時代を迎えようとしている。マーケットインの時代への転換である。生き残るのがだれかはまだ見えない。

こういう時代には，戦略やプロセスの変革の前に，どうしても必要な変革がある。企業文化の変革だ。徹底したデジタル文化の醸成である。アナログをデジタル化し，デジタルで分析し，デジタルで考え，デジタルで創造する文化だ。

## グループウエアを用いたブレーンストーミング

デジタル文化の醸成とは，再掲する図表7を用いるなら，コンテンツ文化の醸成と言い換えることができる。エリヤフ・ゴールドラットが言うところの，あうんの呼吸を言語化し，デジタル化することである。

**図表7　コミュニケーションにおけるコンテンツとコンテクスト**

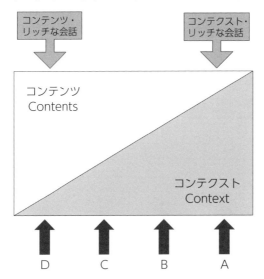

　われわれスキルアカデミーでは，企業向けのスキル教育を広く行っているが，主要な研修テーマの1つが「論理的思考力」である。かつてはアナログの世界で研修をしていたが，昨今はデジタルを徹底的に取り入れた研修に切り替えている。

　論理的思考力の研修では，グループに分かれてブレーンストーミングを行い，いいアイデアを案出してもらう。このブレーンストーミングをグループウエアで行うようにしたのだ。日本中の支社から東京本社の研修会場に集まる回数が減ったという費用面の効果は大きい。しかし，それ以上にグループウエアで言語化し，議論を進めることの効果は絶大に大きい。アナログで曖昧な議論をしていたのに比べ，まずデジタル化し，コンテンツ化してから議論をすることの効果が大きいのだ。こういう訓練が，新しいデジタルの時代の組織文化につながるのである。

　デジタルによるブレーンストーミングの負の側面も，もちろんある。詳細は本シリーズの目的スキル編「第8部　ブレーンストーミングスキル」に譲りたい。ここでは，デジタル・コミュニケーションの重要性を指摘し，終わりにしておく。

# 第5章

# CSIでコミュニケーションスキルを向上させる

## CSIとは？

　CSIとは"Communication Style Inventory"、コミュニケーションの型（スタイル）のことだ。多くの研究がなされ、いろいろなスタイルが提案されてい

**図表8　4つのコミュニケーション・スタイル**

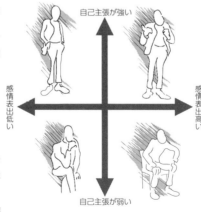

*他者を支配しようとする*
**コントローラー**
- 司令官
- 仕事ができたかどうか、結果重視
- リスクをとる
- 他者に仕事を委ねることに長けている
- 恥ずかしがり屋ではないが、個人的なことには触れない傾向
- 強い口調
- 行動が先
- 責任を負う
- 競争心が強い
- 恐れを知らない
- 結果指向

*夢を語って盛り上がる*
**プロモーター**
- エンターテナー
- ものごとを楽しむ、人助けも楽しむ
- アイデアに富み、それをやってみたがる
- 他者を楽しませるような仕事がしたい
- 個人的なこともオープンに話したがる
- 他者の意見を聞きたがる
- ブレーンストーミングが好き
- 柔軟性に富む
- ルーチンを嫌う
- 楽観主義者

*冷静に分析する*
**アナライザー**
- 細部にこだわり、正しいことを好む
- 結論を出す前に詳細に計画を立てる
- 1人で仕事をすることを好む
- 内向的
- 考えるのは早いが、話すのは遅い
- 個人的なことはオープンにしない
- 注意深い、思慮深い
- 論理的

*周りとの調和が何より大事*
**サポーター**
- 周囲との安定的な関係を好む
- 受容する
- 結論を出すのが遅い
- 変化を好まない
- 他者を助けることに喜びを感じる
- 聞き上手
- 他者の感情に関心がある
- 関係重視
- ゆっくり、着実な歩みを好む

る。書籍でもネットでも多くの情報を見つけることができる。

　本講座では，のちに複合スキル編で学ぶことになる「コーチングスキル」との整合性のため，4つの型（スタイル），すなわちコントローラー，プロモーター，サポーター，アナライザーを用いることにする。図表8に4つのコミュニケーションスタイルの定義を示す。

　人はだれでも4つの要素をすべてもっている。しかし，どれかが優勢であり，残りは劣勢である。どれも同じ程度という人もいる。私は，コントローラーの要素が極めて強く，次にプロモーターの要素が強い。サポーターとアナライザーの要素は弱い。

　　課題：あなたのコミュニケーションスタイルは？

あなたのコミュニケーションスタイルは？

## CSIに良し悪しはない

　　問題：営業に向いているコミュニケーションスタイルはどれか？

営業向きのコミュニケーションスタイルは？

## CSIテストをやってみよう

**宿題**：以下は，前の部の宿題だ。タイトルは「あなたの傾向」となっているが，実はこれがCSIテストと呼ばれるもので，あなたのCSIを特定するテストだ。

**図表9　あなたの傾向**

|  | 1 2 3 4 |
|---|---|
| 1. 自己主張することが下手だと思う | □□□□ |
| 2. 常に未来に対して情熱をもっているほうだ | □□□□ |
| 3. 他人のためにしたことを感謝されないと悔しく思うことがよくある | □□□□ |
| 4. 嫌なことは嫌と，はっきり言える | □□□□ |
| 5. 人にはなかなか気を許さない | □□□□ |
| 6. 人から楽しいとよく言われる | □□□□ |
| 7. 短い時間にできるだけ多くのことをしようとする | □□□□ |
| 8. 失敗しても立ち直りが早い | □□□□ |
| 9. 人からものを頼まれるとなかなかノーと言えない | □□□□ |
| 10. たくさんの情報を検討してから決断をくだす | □□□□ |
| 11. 人の話を聞くことよりも自分が話していることのほうが多い | □□□□ |
| 12. どちらかというと人見知りするほうだ | □□□□ |
| 13. 自分と他人をよく比較する | □□□□ |
| 14. 変化に強く適応力がある | □□□□ |
| 15. 何事も自分の感情を表現することが苦手だ | □□□□ |
| 16. 相手の好き嫌いに関わらず，人の世話をしてしまうほうだ | □□□□ |
| 17. 自分が思ったことはストレートに言う | □□□□ |
| 18. 仕事の出来栄えについて人から認められたい | □□□□ |
| 19. 競争心が強い | □□□□ |
| 20. 何事でも完全にしないと気がすまない | □□□□ |

1＝よくあてはまる
2＝あてはまる
3＝あまりあてはまらない
4＝あてはまらない

出所：鈴木義幸『図解　コーチング流　タイプ分けを知ってアプローチするとうまくいく』（ディスカバー・トゥエンティワン，2006年）

あなたのCSIテストの結果

　このCSIテストは，（株）コーチ・エイが開発したものだ。同社は，コーチングの会社として日本随一である。同社はCSIをコーチングで用いている。興

味のある方は，鈴木義幸著『図解 コーチング流 タイプ分けを知ってアプローチするとうまくいく』（ディスカバー・トゥエンティワン，2006年）を読まれたい。ただ，この部での関心はコーチングではなく，コミュニケーションだ。そもそもCSIはコミュニケーションスキルの改善のために開発されたものだ。

## CSIテストの結果を吟味する

　課題：先ほど，「課題：あなたのコミュニケーションスタイルは？」に取り組んでいただいた。結果は以下にある。この結果をCSIテストの結果と比べてみよう。似ているか？　似ていないか？

あなたのコミュニケーションスタイルは？

　2つの結果があまりに違うようなら，あなたの周りの人に聞いてみるのがよい。他人のほうがあなたのコミュニケーションスタイルがよく見えているはずだ。よく吟味したうえで，自分のCSIとしていただきたい。

## 相手のCSIに合わせたコミュニケーションを心がける

　話し相手のコミュニケーションスタイルは，コミュニケーションを促進するための有効な情報となる。相手のCSIに合わせた話し方，聞き方に努めることで，相手とのコミュニケーションを大きく改善させることができる。

　相手をよく観察すれば，その人のコミュニケーションスタイルは見えてくるはずだ。相手が社内の人なら，先のCSIテストを受けてもらうのもいいだろう。

　まず，相手のコミュニケーションスタイルと自分のそれとが一致するなら，

CSIのことなど忘れ，自分の思うように話せば良い。相手は，あなたの話し方を好み，自然とコミュニケーションは促進されるだろう。

しかし，相手のコミュニケーションスタイルと自分のそれとが一致しないなら，注意が必要だ。自分のCSIを意識して抑え，相手のコミュニケーションスタイルに合わせた話し方を心がけるべきだ。これができれば，相手とのコミュニケーションは大いに促進されること，間違いない。

私はコントローラーだ。話し相手はサポーターだとしよう。私は，大声で口早に指示を出すような話し方は慎むべきだろう。相手はおそらく言いたいことがあるはずだ。聞く側にまわり，それを引き出すように努める。私が望むようなスピードでないとしても，そこは我慢する。「いいね，それをやってもらえたら，私も本当に助かるよ」で会話を終えるようにしよう。こんな調子だ。

## CSIを使ってコミュニケーションを試みる

**課題**：コミュニケーションがうまくいっていない人を思い浮かべ，その人のコミュニケーションスタイルを，図表8を見ながら特定しよう。

コミュニケーションがうまくいっていない人のCSIは？

**課題**：同じく図表8を見ながら，その人とのコミュニケーションを促進するために，どのような話し方，聞き方をしたらいいか，考えよう。繰り返すが，自分のCSIを意識して抑え，相手のコミュニケーションスタイルに合わせた話し方を心がけるべきだ。相手の顔を思い浮かべ，また会話をする場面を思い浮かべ，具体的に書き出してみよう。

# 第5章 CSIでコミュニケーションスキルを向上させる

**図表8　4つのコミュニケーション・スタイル**

*他者を支配しようとする*
**コントローラー**
- 司令官
- 仕事ができたかどうか，結果重視
- リスクをとる
- 他者に仕事を委ねることに長けている
- 恥ずかしがり屋ではないが，個人的なことには触れない傾向
- 強い口調
- 行動が先
- 責任を負う
- 競争心が強い
- 恐れを知らない
- 結果指向

*夢を語って盛り上がる*
**プロモーター**
- エンターテナー
- ものごとを楽しむ，人助けも楽しむ
- アイデアに富み，それをやってみたがる
- 他者を楽しませるような仕事がしたい
- 個人的なこともオープンに話したがる
- 他者の意見を聞きたがる
- ブレーンストーミングが好き
- 柔軟性に富む
- ルーチンを嫌う
- 楽観主義者

*冷静に分析する*
**アナライザー**
- 細部にこだわり，正しいことを好む
- 結論を出す前に詳細に計画を立てる
- 1人で仕事をすることを好む
- 内向的
- 考えるのは早いが，話すのは遅い
- 個人的なことはオープンにしない
- 注意深い，思慮深い
- 論理的

*周りとの調和が何より大事*
**サポーター**
- 周囲との安定的な関係を好む
- 受容する
- 結論を出すのが遅い
- 変化を好まない
- 他者を助けることに喜びを感じる
- 聞き上手
- 他者の感情に関心がある
- 関係重視
- ゆっくり，着実な歩みを好む

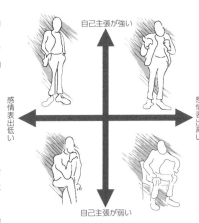

（自己主張が強い／自己主張が弱い／感情表出低い／感情表出高い）

うまい話し方，聞き方

**課題**：その人と実際に会う機会をつくり，上の課題で考えた話し方，聞き方をしてみよう。その結果から，どのようなことがわかったか。コミュニケーションは促進されたか。

コミュニケーションは促進されたか？

## 第6章

# あなたのコミュニケーションスキルを伸ばす

## 目標は達成されたか？

これでこの部は終了だ。冒頭で，この部の到達目標を以下のとおり，4つ設定した。

課題：以下の4つの到達目標を達成したか。達成したなら✔（チェック）を。

□コミュニケーションスキルは，言語化スキルとプレゼンテーションスキルが身につけば，おのずと身につく

□コミュニケーションスキルの上級スキルがファシリテーションスキルである

□これからの時代，デジタル・コミュニケーションスキルが特に重要である

□相手のCSI（Communication Style Inventory：コミュニケーションの型）がわかると，コミュニケーションが促進される

## あなたのコミュニケーションスキルのレベルは？

スキルレベルを言語化したのが図表10だ。レベルの記述は1刻みだが，あなたのレベルがその中間と思うなら，0.5刻みでレベルを表現する。

**図表10　スキルのレベル**

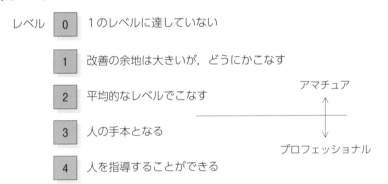

相手のCSIを意識し，会話できるということは，相手とのコミュニケーションの質を能動的に改善できるようになるということだ。したがって，プロフェッショナルレベルのレベル3と考えてよいだろう。

> 課題：あなたの「今」のコミュニケーションスキルのレベルを0.5刻みで特定し，「Myキャリア」に書き出そう（図表11の一番左の矢印）。

**図表11　スキルを伸ばす**

Myキャリア　－ビジネススキル－

目標設定日時：2017年03月25日

| スキル | レベル 今 | レベル 1年後 | 施策 どこで | 施策 何を | 期限 |
|---|---|---|---|---|---|
| 言語化スキル | 2 ▼ | 3 ▼ | 11/30の営業会議で | 発言者の意見を引き取り、短い文章に言い換える | 2017/04/15 |
| リーディングスキル | 1 ▼ | 2 ▼ | 自宅で | 経営関係の新書を2冊買い、この週末に2冊とも、10分読みにトライする | 2017/04/02 |
| リスニングスキル | ▼ | ▼ | | | 年 / 月 / 日 |
| コミュニケーションスキル | ▼ | ▼ | | | 年 / 月 / 日 |
| ミーティングマネジメント | ▼ | ▼ | | | 年 / 月 / 日 |
| グラフィック表現力 | ▼ | ▼ | | | 年 / 月 / 日 |

　　課題：あなたは「1年後」，どのレベルに達していたいか，目標とするスキルレベルを特定し，「Myキャリア」に書き出そう（図表11の左から二番目の矢印）。

Myキャリア

## コミュニケーションスキルを伸ばす「施策」は？

　コミュニケーションスキルがレベル1に達しないということは，普段からコミュニケーションの機会を，どうしても避けられないときを除き，避けているのだろう。こういう態度でも支障のない仕事もなくはない。例えば，建設現場での建設作業や研究業務など，この部類に入る。

　しかし，建設作業や研究業務でも，コミュニケーションスキルを駆使するなら，能率的にも質の面でも，仕事が大いに改善されるはずだ。ビジネスが社会的活動である限り，コミュニケーションスキルは常に重要だ。

第6章　あなたのコミュニケーションスキルを伸ばす　155

　コミュニケーションを極力避けてきたレベル0の人なら，次のような施策が
いいスタートポイントだろう。できるようになれば，レベル0.5だろう。


・これまで意識して話してこなかった同僚の○○さんに，毎朝，挨拶をする。
　これができるようになったら，もう少し上のレベルをめざそう。レベル1だ
・同僚の○○さんに対する朝の挨拶の際，一言，天候のこととか，昨日の
　ニュースのことなどを添える


　次は，上司に対して，コミュニケーションの機会をつくるように努めるのが
よい。ジャック・ウェルチのいう「小さな勝利アプローチ」だ。コミュニケー
ションスキルの場合特にいえるのだが，無理をしてもダメだ。小さなステップ
で，回数をこなすようにするのがよい。
　レベル2に近づけたなら，次はCSI（コミュニケーションスタイル）を意識
してみることだ。そのためにはまず，次の施策がいいだろう。


・鈴木義幸著『図解　コーチング流　タイプ分けを知ってアプローチすると
　うまくいく』を読み，自分のCSIを特定する
・よく話をする同僚や部下のCSIを特定する。次に，CSIテストをやっても
　らい，結果を比較する


　ここまできたら，あとは「第5章　CSIでコミュニケーションスキルを向上
させる」の最後に書いた施策がいいだろう。以下だ。


・コミュニケーションがうまくいっていない人を思い浮かべ，その人のコ
　ミュニケーションスタイルを特定する
・コミュニケーションがうまくいっていない人とのコミュニケーションを促
　進するために，どのような話し方，聞き方をしたらいいか，CSIに沿って
　考える

あとは実践あるのみだ。レベル3はすぐそこだ。

・その人と実際に会う機会をつくり，上の課題で考えた話し方，聞き方をしてみよう。その結果から，どのようなことがわかったか。コミュニケーションは促進されたか

## あなたが最初に取り組む施策を決めよう！

課題：あなたがまず取り組む「施策」を決め，「期限」とともに「Myキャリア」に書き出そう（図表11の右2つの矢印）。

図表11　スキルを伸ばす

| スキル | レベル 今 | レベル 1年後 | 施策 どこで | 施策 何を | 期限 |
|---|---|---|---|---|---|
| 言語化スキル | 2 | 3 | 11/30の営業会議で | 発言者の意見を引き取り，短い文章に言い換える | 2017/04/15 |
| リーディングスキル | 1 | 2 | 自宅で | 経営関係の新書を2冊買い，この週末に2冊とも，10分読みにトライする | 2017/04/02 |
| リスニングスキル |  |  |  |  | 年/月/日 |
| コミュニケーションスキル |  |  |  |  | 年/月/日 |
| ミーティングマネジメント |  |  |  |  | 年/月/日 |
| グラフィック表現力 |  |  |  |  | 年/月/日 |

Myキャリア　－ビジネススキル－
目標設定日時：2017年03月25日

Myキャリア

## 理解度チェックテスト

　非常に簡単な理解度チェックテストだ。以下の記述のうち，正しいものはどれか。10問中7問以上の正解で，この部を読了したと見なすこととする。

○コミュニケーションスキルの基礎は，リスニングスキルだ
○コミュニケーションスキルは，言語化スキルとプレゼンテーションスキルが身につけば，おのずと身につく
○ファシリテーションスキルの上級編がコミュニケーションスキルだ
○メラビアンの法則は，フェースツーフェースのコミュニケーションが大切だと言っている
○メラビアンの法則は，話の内容より話し方のテクニックが重要だと言っている
○日本では「あうんの呼吸」を大切にせねばならない
○デジタル・コミュニケーションこそ，メッセージをそのままに伝える最善の道具といえる
○CSIとは，コミュニケーションの型（スタイル）のことだ
○相手のCSIの型に合わせた話し方・聞き方をすると，コミュニケーションが促進される
○ジャック・ウェルチは，スキルなど能力の向上に「大きな勝利アプローチ」を提唱している

理解度チェックテスト

## おわりに

　次の部は,「第5部　ミーティングマネジメント」。協働力クラスターに属する（図表12）。第5部をもって,基礎スキル編は終了することになる。

**図表12　16の重要スキルとスキルの全体像**

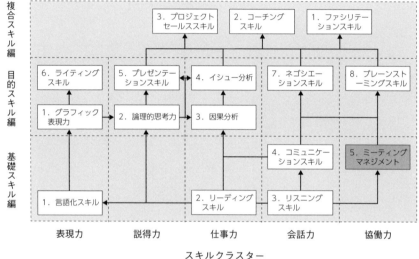

　「ミーティングマネジメント」は,語尾に「スキル」とか「力（りょく）」が入っていない。スキルの獲得には体得が必要だと申し上げてきたが,ミーティングマネジメントは,一度,それが何かを知識として知れば,すぐにでも使えるようになる。だから「スキル」とか「力（りょく）」を入れていないのだ。
　しかし,ミーティングマネジメントの仕事上の有用性は絶大だ。そこで「16の重要スキル」の1つとして,基礎スキル編の中に入れた次第である。まだ学習したことがない方は,ぜひ読んでいただきたい。あなたが差配するミーティングの生産性は格段に上がること,請け合いだ。
　本書では,各部の最後に宿題を出してきた。しかし,ミーティングマネジメ

ントに関する宿題はない。宿題を出すほどの複雑性がないのだ。それなのに効果絶大だという。ぜひ，「第5部　ミーティングマネジメント」でお会いしよう。

## 補章 1

# コミュニケーションは「会話」か？　「対話」か？

　コミュニケーションは英語で"communication"で，日本語では一般に「伝達」が当てられる。ただ，ビジネススキルでコミュニケーションという場合は，「伝達」よりも「会話」とか「対話」が使われる。「会話」は"conversation"，「対話」は"dialog"が当てられることが多いだろう。

　この辺の定義は曖昧だが，言葉に対するこだわりをもつ劇作家で演出家の平田オリザが的確な対比をしているので紹介したい。平田によれば，「会話」とは親しい，価値観を同じくしたもの同士のおしゃべりのこと。一方「対話」は異なる考え，異なる価値観のもの同士の摺り合わせのプロセスのことだという。

　齋藤孝の「意味や感情をやり取りする行為」や本シリーズでの定義「会話により，相手との相互理解を深める」は，平田の「対話」に相当する。

　一方，「対話」に"engagement"が当てられることもある。特に最近，企業のガバナンス問題が議論される際，企業と株主との「対話」の代わりに「エンゲージメント」が使われる。この場合は「目的をもった対話」とか「質の高い対話」という意味づけがされている。

　以上，コミュニケーションと日本語訳との関係を述べてきたが，まとめれば，コミュニケーションは「対話」に一番近い。「伝達」では狭すぎる。「会話」では軽すぎる。「エンゲージメント」は今の時代の特殊な使われ方で，定着はしないだろう。

　コミュニケーションスキルは「対話」であり，「会話により，相手との相互理解を深める」ことだ。コミュニケーションは，その他の多くのビジネススキ

ルが総動員されて前に進む。しかし，定義を絞り込めば，自分のメッセージを全身で相手に伝えようとする行為であり，メラビアンの法則そのものである。

## 補章2

# コミュニケーション・インフラストラクチャを整備せよ！

## コミュニケーション・インフラストラクチャとは？

　組織には，その組織固有の文化がある。その文化のうち，コミュニケーションにかかわる文化のことを指して，コミュニケーション・インフラストラクチャと呼ぶことがある。コミュニケーションの基盤のことだ。問われているのは，組織の構成員間のコミュニケーションがどの程度促進され，活性化しているか，である。

　良いコミュニケーション・インフラとは，あらゆることを言語化し，発言することが奨励されており，だれでもオープンに意見を述べられる環境のことだ。悪いコミュニケーション・インフラとは，「もの言えば唇寒し秋の風」という組織風土のこと。直言は断じて許されず，上司の考えを忖度し，自分の考えを曲げる。上司は，嫌なことは聞かなくてすむが，裸の王様になる。

> **問題**：あなたはある組織に属している。その組織の長ではなく，一員だとする。長ではないから，あなた自らが直接的に組織を変える権限はない。しかし，間接的に働きかけるなら，一員でもできるはずだ。あなたはあなたの属する組織のコミュニケーション・インフラストラクチャを良くするために，どのようなことができるか？

補章2　コミュニケーション・インフラストラクチャを整備せよ！　163

コミュニケーション・インフラストラクチャ

## コミュニケーション・インフラストラクチャと「誠実性」

「考言行一致」（考えと発言と行動が一致していること）は，コンピテンシーの「誠実性」にほかならない。「誠実性」の定義は以下のとおりだ。詳しくは，講座『能力のプロファイリング』「第7部　コンピテンシーとは何か？」を参照されたい。

　　——「自身の考えを他者に素直に，オープンに発言する。そのうえ，その発言と行動とが一貫している。いわゆる言行一致」

　　問題：あなたはある組織の長だ。組織のコミュニケーション・インフラストラクチャを良くするために，長であるあなたは，どのようなことができるか？

コミュニケーション・インフラストラクチャを良くする

## グーグルで証明されたコミュニケーション・インフラの重要性

2016年初旬にグーグルから発表されたプロジェクト・アリストテレスの成果によれば，成功するチームに共通するのは「心理的安全性」だという。このプロジェクト・アリストテレスは，グーグル社内にある多くのプロジェクトチームの生産性を学問的に研究・分析し，より生産性の高い組織づくりをめざすものであった。

心理的安全性（psychological safety）とは，メンバーが本来の自分をさらけ出し，他者はこれを受け入れる組織文化だ。お互いがストレートに心を開き，他者へ心遣いをし，共感することが，結局のところ，チームの高い生産性につながるというのである。

これはまさしく，コミュニケーション・インフラストラクチャのことだ。コミュニケーション・インフラストラクチャを構築するとは，心理的安全性の高い組織文化をつくることだ。そして，心理的安全性には組織構成員のコンピテンシー「誠実性」が必須ということである。

## 第5部

# ミーティングマネジメント
## ——ホワイトカラーの労働生産性を格段に上げる

　　日本のホワイトカラーの労働生産性が低いことは，世界中によく知られている。しかし，これを改善するのは至難だ。「穴を掘って埋めるような仕事」から逃げられず，無駄な仕事をせざるを得ないのが，日本の組織人の置かれた環境だ。

　　組織の非生産性をミーティングの改善から切り崩していこうというのが，この部の提案である。ミーティングマネジメントは，あなたの仕事の生産性を大きく改善する可能性をもっているのだ。しかも，あなた自身がローカルに始められるのが素晴らしい。あなたがミーティングを改善すれば，その良い影響はバイラル（ウイルスが感染し広がっていくように）に組織内に浸透していくはずだ。

　　この部では，「ミーティングマネジメントスキル」とは呼ばない。「スキル」とか「力（りょく）」という言葉を配していないのがポイントだ。ミーティングマネジメントは，いとも簡単に獲得できる。体験がどうしても必要なスキルとは違う。ただ単にどういうものかを知識として知るだけで，すぐに使いだせる。だから，「スキル」という言葉を配していないのだ。

　　内容も簡単だ。以下，全体を読むのに30分とかからないはずだ。それなのに，あなたが主催する次のミーティングから，その生産性は格段に改善できるはずだ。ぜひとも取り組んでいただきたい。

第1章

# 「ミーティングマネジメント」とは？

## ミーティングマネジメントの定義とスキルの全体像での位置づけ

　本講座でのミーティングマネジメントの定義は,「ミーティングを効果的,効率的に運営する」である。
　「ミーティングマネジメント」には,「スキル」とか「力（りょく）」という

**図表1　16の重要スキルとスキルの全体像**

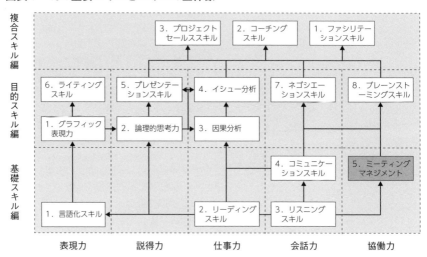

第1章 「ミーティングマネジメント」とは？　167

言葉が入っていない。スキルの獲得には体得が必要だと申し上げてきたが，ミーティングマネジメントは，一度，それが何かを知識として知れば，すぐにでも使えるようになる。だから，「スキル」とか「力（りょく）」を入れていない。

　しかし，ミーティングマネジメントの仕事上の有用性は絶大だ。そこで「16の重要スキル」の１つとして，基礎スキル編の中に入れた次第である。スキルの全体像（図表１）の中では，他者との共同活動にかかわるスキルである協働力クラスターに配した。

　ミーティングとしての運営が難しいのが，ブレーンストーミングだ。これはミーティングから切り出し，ブレーンストーミングスキルとして，協働力クラスターの目的スキル編に置いてある。また，ミーティングマネジメントの最難関としてのファシリテーションスキルを，複合スキル編に置いてある。

## フェースツーフェースミーティングとメラビアンの法則

　ミーティングとは，２人以上の関係者が集まり，協力して作業をすることをさす。日本語で「会議」だ。フェースツーフェースで集まるもよし，テレビ会議システムやスカイプなどを介して集まるもよし。テレビ会議システムやスカイプなら，相手の顔がある程度見えるので，フェースツーフェースの会議と同質といえる。

　メラビアンの法則なるものを，前の部「コミュニケーションスキル」で紹介した。メラビアンによれば，フェースツーフェースコミュニケーションでは，メッセージの伝達に影響する３つの要素がある。

　・言語そのもの
　・声のトーン（聴覚）
　・表情などのボディランゲージ（視覚）

　３つの要素が矛盾したメッセージ——例えば，怒った表情をしながら「怒ってないから」と言う——を相手に送っているとしよう。こういう状況下では，言葉そのものがメッセージ伝達に影響する割合は７％でしかないという。要す

るに，言葉そのものは，額面どおりには受け取ってもらえない。上の例なら，「怒ってないから」とは受け取ってもらえないということだ。

それに対し，声のトーンや口調は38％，ボディランゲージや表情は55％の影響があるのだという。先の例で，怒った表情をしながら「怒ってないから」と言うと，93％の確率で，相手に「怒っているな」と思われる。

フェースツーフェースなら，言葉だけでなく，相手の声のトーンや表情を見ながら，言葉に表現されない心の中も垣間見ることができるということだ。だから，3つの要素に矛盾の少ないコミュニケーションを心がけねばならない。さもないと，ミーティングは本音の語られない，意味のないものになってしまう。

## デジタルミーティングとメラビアンの法則

一方，近年だと，チャットやグループウエアを使ったミーティングもある。デジタルミーティングだ。メラビアンの法則によれば，デジタルミーティングは言葉そのものによるコミュニケーション手段しかない環境である。相手の顔も声のトーンもわからないから，コミュニケーションはずっと難しくなる。言語化スキルがうまくないもの同士のミーティングの場合，議論が進まなかったり，誤解が生じたりする。また，言葉が剝き出しで先鋭的になり，喧嘩になりやすい。

デジタルミーティングでは，参加者は言語化スキルを最大限に発揮することが要求される。言語化スキルとは，「ものごとを簡潔に，過不足なく，かつまただれもが同じイメージを結ぶように表現する」ことだ。本書の第1部で取り上げた言語化スキルの重要性がおわかりいただけよう。

反面，デジタルミーティングは，強制的に言語化が進むので，ミーティングの生産性という意味で大きなメリットがある。言語化が進むというメリットに注目し，われわれスキルアカデミーでは，近年，ミーティングマネジメントの研修の中にデジタルミーティングを必ず取り入れており，その効果を確認している。

## この部のゴールを2つ設定する

□「ミーティングマネジメント」は，どうすればよいかを知れば，それを
　そのまま実践できるため，「スキル」という言葉を配していない。この
　ことがこの部のポイント
□「ミーティングの評価」を次回の主催ミーティングで実践する。これで
　ミーティングマネジメントは完璧に身につくし，これがミーティングの
　生産性を格段に上げることを理解する

第2章

# 日本のホワイトカラーの非生産性とミーティング

## 日本の労働生産性はなぜ低いのか？

　日本企業の労働生産性が低いというのは，統計的にも証明された事実だ。ここで，労働生産性は「生産量（付加価値）÷労働量（従業員数）」で計算する。図表2を見ていただきたい。主要先進国の労働生産性の経年比較である。米国

**図表2　日本の労働生産性は低い**

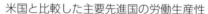
米国と比較した主要先進国の労働生産性

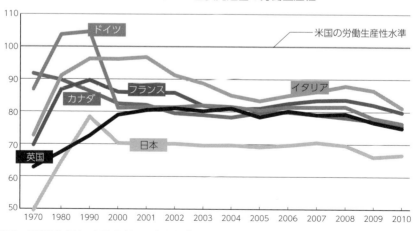

出所：「労働生産性の国際比較2011年版」（日本生産性本部 生産性総合研究センター）

のそれを100として，相対的に表現したものだ。日本の労働生産性の低さは，確かに際立っている。

　この部で関心のあるホワイトカラーの生産性の比較は，統計上非常に難しく，確固たる数字は示されていない。しかし，日本の生産現場の労働生産性が主要先進国の中で劣るはずもなく，そう考えれば，日本のホワイトカラーの労働生産性が極端に低いことが推認される。

　では，なぜ日本のホワイトカラーの生産性が極端に低いのだろうか。これも統計的には証明されてはいない。しかし，端的にいえば，日本では成果ではなくプロセスで人の評価がされているからだ。

## 無駄な仕事をなくせば生産性は格段に改善される

　ここでいう成果とは，会社の付加価値そのものか，それに連なる一連の仕事のことだ。付加価値につながらない仕事は，どれだけ上司から評価されても，成果という意味では，しなくてもよかった仕事であり，無駄な仕事ということだ。「穴を掘って埋める」ような無駄な仕事が日本の組織にはあふれかえっているのだ。

　　課題：あなたの仕事の何％が，成果に結びついておらず，無駄な仕事か。

無駄な仕事は何％？

　私は，成果主義人事制度の導入コンサルティングを数多くの企業で手がけている関係で，上の質問をよくする。30％とか，70％とか，いろいろだ。おおむね平均すると50％が成果につながらないといったところだ。この50％の仕事をしなくてすむなら，生産性は倍になるということだ。しかし，これが簡単では

ない。

　グレッグ・マキューン著『エッセンシャル思考』(かんき出版, 2014年) が,
母国アメリカでベストセラーだという。エッセンシャル思考とは,「どうすれ
ば全部できるか?」と考えるのではなく,「何をとり, 何を捨てるか?」と考
えることだ。日本語訳の帯には,「99%の無駄を捨て1%に集中する方法!」と
書かれている。

　そう, 成果主義人事制度が徹底されたアメリカでさえ, 成果を出すために,
99%の仕事はするなという主張であり, その本がベストセラーになっているの
だ。驚くべきことではないか。日本はこれからだ。

## プロセス評価のもとでは無駄な仕事から逃げられない

　日本では成果による評価ではなく, そこに至る過程 (プロセス) が評価され
る。成果はほとんど問われない。初めから無駄だとわかっている仕事だって,
上司に言われたらやるしかない。でも, 頑張ったら上司は評価してくれる。

　「穴を掘って埋める」ような仕事であることが明らかな場合も, やる前から
断れば, プロセス評価は最悪になることを覚悟せねばならない。だからやるし
かない。プロセス評価の国日本では, エッセンシャル思考の入り込む余地はな
いと考えねばならない。

　ただ, プロセス評価の良いところもある。実際にやらなくても, やっている
フリさえうまくこなすなら, それで十分評価される点だ。

　今日本社会では, ITを用いて仕事を変革しようという大きなうねりがある。
例えば, テレワークは, その1つの解とされている。しかし, このテレワーク
もなかなか機能しない。成果で評価する仕組み, すなわち成果主義人事制度が
できていないので, 離れて仕事をしていると上司は評価ができないのだ。また,
評価をされるほうも, 何を評価されるかわからず, どうにも落ち着かない。

　ともかく, ホワイトカラーの生産性を上げねばならなのは間違いない。プロ
セス評価の日本企業で, どこから取りかかるのがいいだろうか。

## アメリカの衝撃的なミーティング体験

　私事だが，1980年代中盤に米国資本のコンサルティング会社に参画した。1990年代に入り，アジア地区で数名のディレクターに選ばれ，ボストン郊外の本社の会議に参加するようになった。参加して初めて，アメリカの会社の「経営」の中身を垣間見ることとなった。人事制度を根本的に変えるので，世界中からディレクターを集め，意見を集約し，決定したいというのだ。

　80年代中盤というと，日本は「ジャパン・アズ・ナンバー・ワン」（社会学者エズラ・ヴォーゲルによる1979年の著書より引用）の真っ最中であり，バブルを積み上げている時代だ。80年代以降に生まれた人には信じられないことだろうが，当時，日本人は皆，われわれ日本が世界一になったのだと信じる瞬間があった。1990年に入り，バブルは弾け，経済が停滞しだす。そんなとき，人事制度を変える全社的プロジェクトに関与することになったのだ。

　社長が中心となり，新しい人事制度が提案された。意見が百出する。私は，随分乱暴な議論だなと密かに思い，東京に戻ったら巻き返せばいいだろう程度のことを考えていた。

　私は次の日，日本にとって帰る。事務所に戻ってびっくりした。本社からの「お知らせ」で，「今般，人事制度を以下のように変更することがディレクター・ミーティングで決まった」との告知である。あの議論で，すべて決まっていたのだ！

　リーダシップの違い，意思決定の違い，上意下達の違い，すべてがあまりに違っていた。そしてミーティングに関しては，スピードが100倍早い，という印象だった。感覚的な話だが，10倍だと全然足りないように思うのだ。

## 米社の日本の子会社での高効率な電話ミーティング

　これは6〜7年前の話しだ。元ジェネラル・エレクトリックでエグゼクティブをされていた森時彦氏に，当時私が責任者を務めていた社会人向け大学院の客員教授に就任してほしいとお願いにあがったときに聞いた話だ。当時，氏は，中小企業向け投資ファンドの日本の責任者だった。

　明日，本社との電話ミーティングだという。これの準備がたいへんなのだという。申し上げておくが，森氏といえばファシリテーションスキルの日本の第一人者だ。日本ファシリテーション協会の初代会長であり，ファシリテーションに関する最も優れた本『ザ・ファシリテーター』（ダイヤモンド社，2004年）の著者である。その氏が，ミーティングがたいへんだというのである。

　「週一のミーティングで仕事が前に進む，格段のスピードで」とも言っておられた。私がかつて感じた100倍のスピードはかなり感覚的なものだが，森氏の言葉は正に実体だ。

## 第3章

# ミーティング改善の効果は絶大だ

### ホワイトカラーの生産性改善をミーティングの改善から始める！

　ルーチンワークでない限り，ホワイトカラーの仕事にはミーティングがつきものだ。そこで決めることは組織に広く影響を及ぼす。だから前広に意見を集め，新しい知識をつくり出し，それを組織の中に浸透させる必要がある。そして，ミーティングをメルクマールに仕事を前に進めるのが普通だ。

　ホワイトカラーの労働生産性を上げるのに，ミーティングの改善から取りかかるのは賢明だ。ミーティングの改善なら，あなたが，あなたの持ち場で実施できるところがよい。特に，あなたがミーティングの主催者なら，あなたの思いでいかにでもミーティングの生産性・創造性を改善できる。余計な仕事をやらないようにしようというエッセンシャル思考が，上司との軋轢でなかなか実行できないのと比べると，この「あなた自身が実行できる」という点が素晴らしい。

　ミーティングで余計な仕事も排除できる。プロセス評価のため，上司の命令を断れない場合でも，関係者が集まり，議論の結果，この仕事はやる必要がないという結論になれば，上司も受け入れざるを得ない。

　あなたのミーティング改善の試みがうまくいきだしたら，周りの人たちにその方法を教えてあげよう。バイラルに——ウイルスが伝染していくように——あなたの試みが組織内に浸透していくはずだ。トップダウンのミーティング改

## ミーティング改善のビジョンは？

森時彦氏をして，準備がたいへんだと言わせるようなミーティング。これこそわれわれがめざすミーティングの究極の姿だ。

——ミーティングが仕事を進めるためのメルクマールになっており，開催準備に十分な時間をかける。ミーティングが終わったとき，参加者全員が，仕事が前に進んだことを実感できる。

このようなイメージをまず，ビジョンとしてもっていただきたい。

**課題**：直近にあなたが参加したミーティングを思い出し，上のビジョンとどの程度違っていたか，具体的に書き出してみよう。

あなたが参加したミーティングはどうだった？

## ミーティングの類型とミーティングマネジメントの対象

図表3は，ミーティングの目的別に4類型を示している。横軸がミーティングマネジメントの難易を，縦軸が参加者の上下関係のあるなしである。図中，グレーの部分が，この部の議論の対象である。

図表3　ミーティングの目的による種別

　ミーティングマネジメントが難しく，組織的な上下関係を排除する必要のある「知識創造」を目的としたミーティングは，この部では対象としていない。これはブレーンストーミングのことで，目的スキル編「第8部　ブレーンストーミングスキル」を設けている。

## 1回のミーティングをいかに運営するかを考える

　次の章が，いよいよミーティングマネジメントの方法論のすべてだ。対象としているのは，ただただ「1回のミーティング」の運営についてだ。それ以上のことは，この部では考えない。

　「一連のミーティング」を運営する方法は，複合スキル編「第1部　ファシリテーションスキル」で扱うことになる。

　まずは，「1回のミーティング」の運営がしっかりできるようになることだ。そうすれば，会議の生産性は飛躍的に改善する。

## 第4章

# ミーティングマネジメントの
# 方法論のすべて

## 効果的なミーティングのガイドライン

　この部の核心は，図表4に示されている9項目からなるガイドラインだ。スキルと呼ぶべき訓練が求められるような難しさはどこにもない。

図表4　効果的なミーティングのガイドライン

> 1　目的を明確にする
> 2　参加者を厳選する
> 3　アジェンダ（議事次第）をつくる
> 4　配布資料は前日までに配布する
> 5　意思決定の方法を決めておく
> 6　言語化スキルを発揮する
> 7　ミーティングの時間管理を行う
> 8　ミーティング結果の要約を行い，全員で確認する
> 9　ミーティングの評価を行う

　9項目は，若干多すぎるかもしれない。しかし，どれも大切で，どうしてもはずせない。ここにある9項目をキチンと実施すれば，ミーティングマネジメントは完璧になり，あなたはミーティングマネジメントのプロフェッショナルだ。以下1項目ずつ，簡潔に解説を加える。

## 1．目的を明確にする

　何をするにせよ，その目的を言語化することは，最初の，そしておそらく最大の難関といえる。こんな思いでミーティングの目的を言語化する必要がある。

　次年度の予算について調整が必要なのでミーティングを招集するとしよう。「次年度予算の調整について」では，議論の中身が書いていないのでダメだ。「A事業部の予算増額要求に対しどこを減額するかを決める」ならいい。

　目的の短い1行で，会議の中身がわからなければならない。わかれば，参加者は準備ができる。

## 2．参加者を厳選する

　ミーティングに真に貢献する人のみを参加させる。「あそこにも声をかけておこう」は絶対にやめよう。人数が半分になれば，生産性は倍になったことになる。ミーティングで1人が話す時間も倍になるから，それでコミュニケーションの質が向上するはずで，生産性は数倍に上がることになる。

　参加者から，「この会議は多少遅れて行ってもかまわない」などと思われているなら問題だ。この人に遅刻せぬよう促す必要はない。参加してもらう必要がないだけだ。「遅れてもかまわない」と思われるのは，相手に問題があるのではない。ミーティングを主催するあなたに問題があると認識すべきだ。

## 3．アジェンダ（議事次第）をつくる

　アジェンダとは議事次第のこと。目的に沿い，どのような議題が必要か，どのような順序で議論を進めるか，だれが発表するか，時間はどの程度かかるか，どの程度白熱した議論になるかなど，ミーティングの全体像を想像し，アジェンダをつくる。どの程度議論が進んでいるかがわかるよう，途中の経過時刻も予想しておこう。

ミーティングの時間は短いほうがよい——などということは決してない。ミーティングは，そもそもたいへんコストがかかる企業活動だ。コストをかけるからにはトコトン議論し，より良い結論を得るのが大事だ。ミーティングの成果は無限に大きくなり得る。時間（プロセス）にではなく，成果に主眼を置くべきだ。ミーティングは，時間を短くするのではなく，時間を適切にかけることだ。

## 4．配布資料は前日までに配布する

配布資料があるなら，遅くとも前日までに参加者に送付する。参加者には，事前に必ず目を通してもらうように促す。当日，発表者は資料の概要を，当日までの変更点を中心に話せばよい。これでミーティングの生産性は格段に改善する。

## 5．意思決定の方法を決めておく

「何を決定するか」はだれもが注目するが，どのように決定するかはあまり議論されないものだ。その結果，決定がなされたあとに参加者はあいまいな感情，疑問，もしくは不快感をもつことになる。

特に，日本の組織では，どのように意思決定するか，具体的に議論させることがない。だから，「何となく決まる」ことになる。ある人は何も決まっていないと考える。「あとで個別に切り崩していく」などとなり，ミーティングは裏舞台で進行することになる。会議の生産性もあったものではない。

会議での意思決定には，論理的に３つの方法しかない。そして，それぞれ特徴がある。

①　（参加者全員が１票をもつ）多数決で決定する：少数の人がもつ有意義な視点が十分に考慮されない。

②　参加者の意見を集約し（あらかじめ特定された）シニアメンバーが決定する：シニアメンバーの意向を配慮し，反論そのものが出てこないこ

とになりがちだ。

③　コンセンサス（参加者全員の合意）で決定する：早急な妥協を奨励するものではない。個々人の意見を徹底的に主張することからスタートする。共通点と相違点を明確に認識し，納得できる合意点を探るよう努める。

　3つのうち，一番厄介なのがコンセンサスによる決定だ。参加者全員の合意が必須だ。曖昧に趨勢を判断し，なんとなく決まったことにするという態度は排除せねばならない。

　会議をコンセンサスに導くビジネススキルが，ファシリテーションスキルだ。この部の領域を逸脱するので，図表5に「コンセンサス形成のガイドライン」のみ載せておくことにする。これだけ見ていただいても，役に立つはずだ。また詳しくは，複合スキル編「第1部　ファシリテーションスキル」を当たっていただきたい。

**図表5　コンセンサス形成のガイドライン**

1　ロジックに基づく議論をする（感情的にならない）
2　他人の意見をよく聞き，理解する。合意できる部分とできない部分を分ける
3　自己の意見を簡潔に述べる（長い議論の繰り返しを避ける）
4　妥協のために意見を曲げることはしない
5　意見の相違を積極的に捉える。意見が相違する根本原因を探る。一方に妥協をせまるのではなく双方の意見を共通に満たす部分を探す
6　投票はしない。コンセンサスとは全員一致の合意である
7　合意できない場合は代替案を提示する
8　参加者は全員が納得できる結論を探るために全力を傾注する

　参加者の意見の分散を知るために挙手を求めること——仮投票——は有益である。しかし，ミーティングの早い段階での仮投票は避けるべきだ。仮投票の結果によってすぐに結論を出すことも避けなければならない。

　仮投票はまず，公開投票とするか，非公開投票とするかを決める。投票の方法もいろいろある。最適な方式を選択するのが，ファシリテーターの技量とな

る。

- ・一番良いと思うものに1回挙手してもらう
- ・一番悪いと思うものに1回挙手してもらう
- ・良いと思うものに2回挙手してもらう
- ・悪いと思うものに2回挙手してもらう
- ・良いと思うものに何回でも挙手してもらう
- ・悪いと思うものに何回でも挙手してもらう
- ・持ち点10点を良いものに配点してもらう
- ・持ち点10点を悪いものに配点してもらう

## 6．言語化スキルを発揮する

　ミーティングを成功に導くのに，最も重要なスキルは言語化スキルだ。むろん，この他にリスニングスキル，コミュニケーションスキル，論理的思考力，ファシリテーションスキルなどが総動員される。しかし，何といってもすべての基本は言語化スキルだ。

　「言語化スキルを発揮する」にはどうすればいいだろうか。「私は今，十分に言語化スキルを発揮しているだろうか」と強く意識することだ。「これまで言語化されてこなかったことを，簡潔に，誤解が生じないように表現しているだろうか」と自問することだ。

## 7．ミーティングの時間管理を行う

　ミーティングの時間を短くすることに気を取られすぎるのはよくないと書いた。しかし，アジェンダに書かれた予定時間は，極力守るべく努力する必要がある。参加者は次の予定を入れているだろうから。

　もし，時間が足りなくなることが明らかになってきたら，前広に，ミーティングの延長を諮るべきだ。

## 8．ミーティング結果の要約を行い，全員で確認する

　私にとって最もやる気の起こらない仕事の１つが，議事録づくりだ。前向きな部分がない。ほとんどの場合は見返されることがなく，あるとすれば「証拠」としてである。「あの会議であなたは確かにこう言った」。

　取締役会議事録などの法定議事録は別として，「証拠」としての議事録がどうして必要なのかを考えてみることだ。あなたの所属組織の「官僚制の逆機能（dysfunction of bureaucracy）」を心配するのが先だろう。規則万能主義，責任回避・自己保身，前例踏襲主義，権威主義，画一的傾向などの，官僚制のマイナスの側面のことである。

　組織的合意があるなら，極力記録は短くすべきだ。議事録は究極，「結論」と「To Do」があればよい。仕事を前に進めるうえで，この２つ以外は不要だ。

　ミーティングの最後に，議長は今日の「結論」と「To Do」を発表し，全員で確認する。この時点で，議事録は完成しているのが理想だ。

## 9．ミーティングの評価を行う

　毎回である必要はないが，参加者にミーティングの評価をお願いするのがよい。ミーティングの改善を組織的に促すことにもなる。図表６が雛形だ。あなたの主催ミーティングに合うように，改変して使ってほしい。

#### 図表6　ミーティングの評価

評価者：＿＿＿＿＿＿＿＿

名称：＿＿＿＿＿＿＿＿

日時：＿＿＿＿＿＿＿＿

場所：＿＿＿＿＿＿＿＿

参加者：＿＿＿＿＿＿＿＿

＿＿＿＿＿＿＿＿

＿＿＿＿＿＿＿＿

＿＿＿＿＿＿＿＿

Yes←→No

☐☐☐☐　目的は達成したか？

☐☐☐☐　準備に十分な時間をかけたか？

☐☐☐☐　アジェンダは余裕を持って事前に配布したか？

☐☐☐☐　アジェンダは適切だったか？

☐☐☐☐　ミーティングは予定どおりに始まったか？

☐☐☐☐　ミーティングは予定どおりに終わったか？

☐☐☐☐　欠席者・遅刻者はいなかったか？

☐☐☐☐　参加者はミーティングの目的を正しく理解していたか？

☐☐☐☐　配布資料は前日までに送布したか？

☐☐☐☐　プレゼンテーションはうまくいったか？

☐☐☐☐　参加者は積極的に議論に加わったか？

☐☐☐☐　十分に議論は尽くしたか？

☐☐☐☐　少数意見に開陳する機会が与えられたか？

☐☐☐☐　「結論」は明瞭か？　適切か？

☐☐☐☐　「To Do」は明瞭か？　責任者と期限が書かれているか？

☐☐☐☐　参加者の満足度は高いか？

☐☐☐☐　直ちに議事録を作成・配布したか？

☐　裏面に感想・意見あり

# 株式会社スキルアカデミーのミーティングマネジメント

　株式会社スキルアカデミーでは，経営会議を毎週1回開催する。新しい会社なので朝令暮改は当たり前，物理的なオフィスをもたないバーチャルカンパニーであるため，週1回，フェースツーフェースの経営会議は必須だ。

　会社用のオンラインストレージに，参加者全員が共有化した「経営会議議題＆議事録」ファイルが置いてある。このファイルに，だれもが議題を書き込む権利をもっている。会議の直前に議長（社長）が議題を整理し，それに従って議事が進行する。議題ごとに「結論」と「To Do」を議長が書き込む。

　議題がすべて終了した時点で，確認も終わっているので，すぐ解散だ。その議事録を書き直し……，などということはまったくない。図表4の効果的なミーティングのガイドラインを以下に再掲するが，9以外は，キチンと実践している。皆，ミーティングマネジメントを知っており，9は必要ない。

**図表 4　効果的なミーティングのガイドライン**

```
1  目的を明確にする
2  参加者を厳選する
3  アジェンダ (議事次第) をつくる
4  配布資料は前日までに配布する
5  意思決定の方法を決めておく
6  言語化スキルを発揮する
7  ミーティングの時間管理を行う
8  ミーティング結果の要約を行い, 全員で確認する
9  ミーティングの評価を行う
```

## ミーティングの評価を事前に行う

　9項目からなるガイドラインで,「9　ミーティングの評価を行う」を, ミーティングの前に自分だけで行うのが究極の姿だ。事前に満足ゆく結果になるかどうか, 想像力を逞しく予測し, 準備を怠らないようにするのが目的だ。

　ガイドラインの9項目に, 体得が必要なものは1つもない。やるかやらないか, 選択と覚悟の問題だ。やるならできる。やるならその瞬間からあなたは, ミーティングマネジメントのプロフェッショナルだ。

第5章

# あなたのミーティングマネジメントを伸ばす

## 目標は達成されたか？

この部の冒頭で，到達目標を以下のとおり２つ設定した。

　**課題**：以下の２つの到達目標を達成したか。達成したなら✔（チェック）
　を。

□「ミーティングマネジメント」は，どうすればよいかを知れば，それを
　そのまま実践できるため，「スキル」という言葉を配していない。この
　ことがこの部のポイント
□「ミーティングの評価」を次回の主催ミーティングで実践する。これで
　ミーティングマネジメントは完璧に身につくし，これがミーティングの
　生産性を格段に上げることを理解する

## あなたのミーティングマネジメントのレベルは？

　ミーティングマネジメントのスキルレベルが図表７だ。

第5章　あなたのミーティングマネジメントを伸ばす　187

**図表7　スキルのレベル**

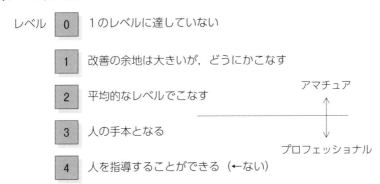

レベル　0　1のレベルに達していない

1　改善の余地は大きいが，どうにかこなす

2　平均的なレベルでこなす　　　　　　　　　アマチュア
　　　　　　　　　　　　　　　　　　　　　　　↑
3　人の手本となる　　　　　　　　　　　　　　↓
　　　　　　　　　　　　　　　　　　　プロフェッショナル
4　人を指導することができる（←ない）

レベルの違いは明白だろう。ミーティングマネジメントの性質上，レベル4は存在しないことにしている。

　**課題**：あなたの「今」のミーティングマネジメントのレベルを0.5刻みで特定し，「Myキャリア」に書き出そう（図表8の一番左の矢印）。

**図表8　スキルを伸ばす**

Myキャリア　ービジネススキルー

目標設定日時：2017年03月25日

| スキル | レベル 今 | レベル 1年後 | 施策 どこで | 何を | 期限 |
|---|---|---|---|---|---|
| 言語化スキル | 2 | 3 | 11/30の営業会議で | 発言者の意見を引き取り，短い文章に言い換える | 2017/04/15 |
| リーディングスキル | 1 | 2 | 自宅で | 経営関係の新書を2冊買い，この週末に2冊とも，10分読みにトライする | 2017/04/02 |
| リスニングスキル |  |  |  |  | 年 / 月 / 日 |
| コミュニケーションスキル |  |  |  |  | 年 / 月 / 日 |
| ミーティングマネジメント |  |  |  |  | 年 / 月 / 日 |
| グラフィック表現力 |  |  |  |  | 年 / 月 / 日 |

Myキャリア

　課題：あなたは「1年後」，どのレベルに達していたいか，目標とするスキルレベルを特定し，「Myキャリア」に書き出そう（図表8の左から二番目の矢印）。

Myキャリア

## ミーティングマネジメントを伸ばす「施策」は？

　ミーティングマネジメントの場合，ここで提案されている内容はもう理解されたことと思うし，次の施策しかないだろう。

・次の主催ミーティングで，ガイドラインに沿ってミーティングを運営する

　これを3回程度やれば，もうレベル2に達することができるだろう。その次の施策は，以下でどうだろうか。

・自社に合った「効果的なミーティングのガイドライン」をつくる

　もしあなたがミーティングの主催者でないなら，次がいいと思う。

・ミーティングの主催者に事務局を申し出，ガイドラインに沿ってミーティングを運営する

## あなたが最初に取り組む施策を決めよう！

　課題：あなたがまず取り組む「施策」を決め，「期限」とともに「Myキャリア」に書き出そう（図表8の右2つの矢印）。

**図表8　スキルを伸ばす**

Myキャリア　ービジネススキルー

目標設定日時：2017年03月25日

| スキル | レベル 今 | レベル 1年後 | どこで | 何を | 期限 |
|---|---|---|---|---|---|
| 言語化スキル | 2 | 3 | 11/30の営業会議で | 発言者の意見を引き取り，短い文章に言い換える | 2017/04/15 |
| リーディングスキル | 1 | 2 | 自宅で | 経営関係の新書を2冊買い，この週末に2冊とも，10分読みにトライする | 2017/04/02 |
| リスニングスキル |  |  |  |  | 年 / 月 / 日 |
| コミュニケーションスキル |  |  |  |  | 年 / 月 / 日 |
| ミーティングマネジメント |  |  |  |  | 年 / 月 / 日 |
| グラフィック表現力 |  |  |  |  | 年 / 月 / 日 |

Myキャリア

## 理解度チェックテスト

　非常に簡単な理解度チェックテストだ。以下の記述のうち，正しいものを選べ。10問中7問以上の正解で，この部を読了したと見なすこととする。

○ミーティングマネジメントは，それが何かを知れば，すぐに使えるようになる
○ミーティングマネジメントの上にファシリテーションスキルが，またその上にブレーンストーミングスキルがある
○日本企業の労働生産性は，主要先進国の中で格段に低いとされるが，統計的には証明されていない
○日本の組織には「穴を掘って埋める」ような無駄な仕事があふれかえっている
○プロセス評価のもとでは，初めから無駄だとわかっている仕事でも上司に言われたらやるしかない
○準備がたいへんだと思わせるようなミーティングは開催すべきではない
○ミーティングの目的は短い一文で，会議の中身がわかるように表現せねばならない
○ミーティングの時間は，短ければ短いほどよい
○ミーティングにおける意思決定には，多数決による決定とコンセンサスによる決定の2つの方法がある
○ミーティングの議事録は会議終了後，なるべく早くとりかかるのが理想的だ

理解度チェックテスト

## おわりに

　以上で基礎スキル編の「第5部　ミーティングマネジメント」が終了するとともに，基礎スキル編全体の終了である。次は，8つのスキルからなる目的スキル編だ（図表9）。

**図表9　16の重要スキルとスキルの全体像**

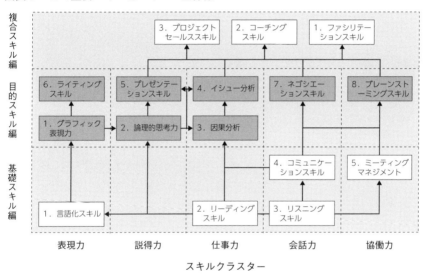

　基礎スキル編は，必ずしもやさしいスキルという意味ではなく，基礎的な，いろいろな場面で使われるスキルだった。例えば，言語化スキルはあらゆるビジネスシーンで使われるスキルであるが，レベル3になるのは容易ではない。基礎スキル編であっても習得が難しいスキルの典型だ。

　目的スキル編のスキルは，使われるビジネスシーンが明確で，その分，読んでわかりやすいかもしれない。しかし，どのスキルも，そのレベルを上げるには鍛錬が必須だ。ともかく，実際の現場で試してみる，失敗してみる，そうでなければスキルを身につけることはできない。

## グラフィック表現力の宿題

　目的スキル編は「第1部　グラフィック表現力」から始まる。いつものように宿題を1つ。

　　**宿題**：図表10の「2015年度の地域別売上構成比」のデータを用い，思いつく限り多くのチャート（グラフ）を，手書きでスケッチしよう。多ければ多いほどよい。

**図表10　なるべく多くのチャートを描く**

| 2015年度の地域別売上構成比 | | | |
|---|---|---|---|
| 東 | 南 | 西 | 北 |
| A社 20% | 40% | 25% | 15% |
| B社 35% | 5% | 25% | 35% |

　それでは目的スキル編「第1部　グラフィック表現力」でお会いしよう。

〈著者紹介〉

佐久間陽一郎（sakuma@skillacademy.jp）

株式会社スキルアカデミー　代表取締役　会長　兼　Chief Content Officer
東京大学工学部学士，米ウエストヴァージニア州立大学理学部修士
1984年に米系経営コンサルティング会社アーサー・D・リトルに参画，1993年にアーサー・D・リトル（インターナショナル）副社長に就任。95年より佐久間コンサルティングオフィス主宰，日本をはじめ欧米のクライアント企業に対し経営指導を行う（現職）。21世紀産業戦略研究所副社長（1998～2000年），スタンレー電気社外監査役（2003～2015年）など，多数の役職を歴任
経営学教育の分野では，グロービス講師（1997～2000年），東北大学大学院客員教授（2004～2008年），日本工業大学専門職大学院技術経営研究科教授兼研究科長（2005～2014年）。社会人向けスキル教育の体系を作り上げ，絶賛を受ける
**主な著書**
『資源配分から考える経営戦略』日経ビジネスONLINE，日経BP社，2008年6～9月
『中小企業のための技術経営実践講座』共著，工学図書，2007年2月
『中小製造業の戦略策定ハンドブック』郡山テクノポリス推進機構，2002年11月
『取締役革命』編集・共著，ダイヤモンド社，1998年5月
『10年後のカイシャイン』同朋舎出版，1997年4月
『イノベーション・カンパニー』共著，ダイヤモンド社，1997年1月
その他多数

**株式会社スキルアカデミー**

2014年7月創業。社会人向けの経営教育サービスを提供する。主なビジネスラインは,
　　①経営に関するeブックの出版「スキルアカデミー」(B2Cビジネス)
　　②個人向けのキャリア開発サービス「キャリアビルダー」(B2Cビジネス)
　　③企業向け人事クラウドサービス「人事4.0クラウド」(B2Bビジネス)
　　④企業向け経営研修・コンサルティングサービス「タレントビルダー」(B2Bビジネス)
ビジョンは,「あらゆる人に,自立したプロフェッショナルになるためのスキルの学習機会を,あらゆる時間/場所で利用可能な形で提供する」ことである。


スキルアカデミー シリーズ

**ビジネススキル〔1〕 基礎スキル編**

2018年5月10日　第1版第1刷発行

著　者　佐久間　陽一郎

発行者　山　本　　　継

発行所　㈱中央経済社

発売元　㈱中央経済グループ
　　　　　パブリッシング

〒101-0051　東京都千代田区神田神保町1-31-2
電　話　03 (3293) 3371 (編集代表)
　　　　03 (3293) 3381 (営業代表)
http://www.chuokeizai.co.jp/
製版／三英グラフィック・アーツ㈱
印刷／三　英　印　刷　㈱
製本／有　井　上　製　本　所

© 2018
Printed in Japan

＊頁の「欠落」や「順序違い」などがありましたらお取り替えいたしますので発売元までご送付ください。(送料小社負担)

ISBN978-4-502-25411-6　C3334

JCOPY〈出版者著作権管理機構委託出版物〉本書を無断で複写複製(コピー)することは,著作権法上の例外を除き,禁じられています。本書をコピーされる場合は事前に出版者著作権管理機構(JCOPY)の許諾を受けてください。
　JCOPY〈http://www.jcopy.or.jp　eメール：info@jcopy.or.jp　電話：03-3513-6969〉

## スキルアカデミーシリーズ

# 社会人向けビジネススクールの人気講座『ビジネススキル』が4分冊で待望の書籍化

**本書の特徴**

- ビジネスで頻繁に使われる16の重要スキルを一気に学習できるため、あなたの仕事力が格段にアップする
- 1つのスキルを1〜2時間、スマホやPCを駆使して、スキマ時間に自己学習できるため、気軽に取り組むことができる
- QRコードを読み込むだけで、インタラクティブにオンラインで課題に解答したり、スキルアップの目標を記録できる

## 中央経済社